Editorial

Der russische Überfall auf die Ukraine am 24. Februar 2022 markiert einen tiefen Einschnitt in die europäische Geschichte. Auch wenn es für eine abschließende Deutung viel zu früh ist, kann man schon jetzt festhalten, dass damit auch große Herausforderungen für die Europäische Union verbunden sind.

Zwar haben die Mitgliedsstaaten den russischen Angriffskrieg in seltener Geschlossenheit verurteilt, gemeinsam umfangreiche Sanktionen beschlossen und einem Kandidatenstatus der Ukraine zugestimmt, doch bei der Unterstützung der Ukraine herrscht alles andere als Einmütigkeit. So wird die vielfach zitierte „Zeitenwende" auch zu einer Nagelprobe für die Zukunft der europäischen Integrationsfähigkeit.

Angesichts der russischen Drohungen gegenüber den osteuropäischen NATO-Partnern wird auch der Ausbau einer neuen europäischen Sicherheitsordnung verstärkt diskutiert. Ungelöst sind außerdem weiterhin Fragen der Rechtsstaatlichkeit innerhalb von EU-Mitgliedsstaaten wie Polen und Ungarn. Hier laufen gegenwärtig Verfahren wegen Vertragsverletzungen.

Das vorliegende Heft beschäftigt sich mit diesen Problemen, aber auch mit der fehlenden EU-Einwanderungs- und Flüchtlingspolitik, einer Bewertung der östlichen Partnerschaft und der Rolle der Visegrád-Staaten. Auch das Thema Kirche und Europa wird vertieft behandelt. Der ghanaische Autor Isaac Kaledzi blickt vom afrikanischen Kontinent auf die jüngsten Entwicklungen in Europa.

An dieser Stelle sei noch ein Hinweis aus der Redaktion angefügt: Der langjährige Redakteur vom Dienst Dr. Christof Dahm ist Ende Juni in den Ruhestand gegangen. Wir danken ihm sehr herzlich für 21 Jahre engagierten Einsatz für die Zeitschrift „OST-WEST. Europäische Perspektiven". Seine Nachfolge in der Redaktion hat zum 1. Juli 2022 Joachim Sauer übernommen.

Die Redaktion

Andreas Heinemann-Grüder

Der Ukraine-Krieg, Russland und die neue Unordnung in Europa

Prof. Dr. Andreas Heinemann-Grüder, geboren 1957, lehrt Politikwissenschaft an der Universität Bonn und forscht am Bonn International „Center for Conflict Studies" und ist Mitglied im Beirat zivile Krisenprävention der Bundesregierung.

Mit der Entscheidung für einen Kandidatenstatus der Ukraine bietet die EU dem kriegserschütterten Land eine Zukunftsperspektive an. Doch bis dahin ist es noch ein weiter Weg. Vor allem Deutschland muss seine Rolle in der EU und sein Verhältnis zu Russland verändern.

Russlands Krieg gegen die Ukraine markiert seit 2014 einen tektonischen Bruch in den Beziehungen zwischen Russland und dem Westen. Gleichwohl hielten alle Parteien des Bundestages bis zum Beginn des zweiten Krieges am 24. Februar 2022 an der Vorstellung fest, Dialog mit dem Putinschen Regime wäre möglich, die Ukraine solle keine tödlichen Waffen erhalten, Sanktionen dürften die deutsche Wirtschaft nicht schaden und die Ukraine solle weder Mitglied der EU noch der NATO werden. Ferner dürfe Putin nicht durch Säbelrasseln provoziert werden, schließlich wäre der Krieg eine lokale Angelegenheit.

Bis zum Ukrainekonflikt galt Russland in ökonomischer, militärischer, technologischer und wissenschaftlicher Hinsicht und in Bezug auf seine politische Strahlkraft als nicht konkurrenzfähig. Die westlichen Vormächte sahen Russland als unbehagliche Vetomacht, aber als militärisch ungefährlich. Die Russische Föderation schien, solange es sie keinen Regimewechsel zu befürchten hatte, autistisch mit sich selbst befasst. Der Westen wiederum schien von der Vorstellung beseelt, dass die autoritären Regimes der ehemaligen Sowjetunion sukzessive die Revolution von 1989 nachholen könnten. Dies erklärt das Fehlen einer Antizipation von Eskalation. Die mangelnde strategische Vorausschau ist auf Illusionen zurückzuführen, nämlich eine Ambition zur Regimetransformation, die Überschätzung der eigenen Kapazitäten und die Verkennung der russischen Bereitschaft zur Gewaltanwendung.

Bizarre Sonderbeziehungen

Das Weltbild der deutschen Politik der letzten gut fünfzig Jahre bricht mit Putins Krieg gegen die Ukraine zusammen. Zwar muteten die Rechtfertigungen von partnerschaftlichen Sonderbeziehungen zu Russland in den letzten Jahren immer bizarrer an. Um sich von eigenen Glaubenssätzen und Wunschvorstellungen zu verabschieden, bedurfte es jedoch erst der Eindeutigkeit des Krieges. Als die Partei Die Grünen im Juni 2021 einen Antrag im Bundestag für einen Kurswechsel in der deutschen Russlandpolitik einbrachte, wurde die Vorlage bei direkter Abstimmung mit der Mehrheit von CDU/CSU, SPD, AfD und Die Linke gegen das Votum von Bündnis 90/Die Grünen bei Stimmenthaltung der FDP zurückgewiesen.[1] Putins Regime sollte auf keinen Fall brüskiert werden. Über die Beschwichtigungspolitik herrschte parteiübergreifend Konsens inklusive der Grünen, die der Ukraine bis zum Februar 2022 auch keine Waffen zur Selbstverteidigung liefern wollten.

Deutschlands Selbstbild gründete auf dem Rollenverständnis als Brückenbauer zwischen den angeblich widerborstigen, leider russlandkritischen Osteuropäern und dem Kreml, zwischen den bellizistischen USA und einem traumatisierten Russland. Deutsche Politik empfahl sich als Mediator zwischen den emotionsgeladenen Akteuren, so als ob Deutschland jenseits der Konflikte stünde, gleichsam von einer höheren Friedenswarte. Über den Beitrag, den Deutschland damit zur Ermöglichung des Putinismus geleistet hat, werden sich Historiker noch ebenso streiten wie über die Signale, die aufgrund einer Verfangenheit in Wunschdenken übersehen wurden. Die früheren Entspannungspolitiker fühlen sich jetzt desavouiert, sie sind mit Amnesie, Selbstabsolution und der Abwehr von Anwürfen aus der Ukraine befasst.

Aus der vermeintlich „schwierigen Partnerschaft" mit Putins Russland ist eine Auseinandersetzung geworden, die auf einem Systemantagonismus beruht.

Der Krieg zerstört Illusionen deutscher Politik. Aus der vermeintlich „schwierigen Partnerschaft“ mit Putins Russland ist eine Auseinandersetzung geworden, die nicht auf Missverständnissen, Kommunikationsfehlern oder mangelnder Berücksichtigung legiti-

1 https://www.bundestag.de/dokumente/textarchiv/2021/kw23-de-russlandpolitik-843426.

mer Sicherheitsinteressen Russlands beruht, sondern auf einem Systemantagonismus – der Unversöhnlichkeit von Imperialismus und Völkerrecht, von Diktatur und Demokratie, von liberalen und faschistoiden Werten.

Der Krieg verändert Europa – wirtschaftlich durch die Abkopplung von der Erpressbarkeit durch russische Energielieferungen, politisch durch die Bekräftigung der Wertegemeinschaft Europas angesichts der russischen Gefahr und sicherheitspolitisch durch die bleibende Abhängigkeit von den Sicherheitsgarantien der USA. Ohne die NATO gibt es keine Sicherheit in Europa.

Die Angebote der EU

Russland reagierte im Jahr 2014 auf den Euro-Maidan und den Regierungswechsel in Kiew mit der Annexion der Krim und der bewaffneten Unterstützung der Sezession des Donbas. Die EU schloss das Assoziierungsabkommen, dessen Nicht-Unterzeichnung die Proteste ausgelöst hatte, doch noch ab, offerierte aber, ähnlich wie den Ländern des westlichen Balkans, lange keine Beitrittsperspektive, von der die transformative Kraft der EU entscheidend abhängt. Am 23. Juni 2022 erhielt die Ukraine nun den Status eines Beitrittskandidaten – ein symbolischer

Präsident Wolodymyr Selenskyj empfing im Juni 2022 EU-Kommissionspräsidentin Ursula von der Leyen in Kiew. (picture alliance / The Presidential Office of Ukraine)

Akt der Solidarität während des anhaltenden Krieges, aber für den Kriegsverlauf und dessen Ausgang ohne Relevanz, denn der Beitritt wird vermutlich nicht vor 2030 erfolgen.

Dass die Ukraine „der europäischen Familie“ angehört, hatte EU-Kommissionspräsidentin Ursula von der Leyen zwar bald nach Ausbruch des Ukraine-Krieges erklärt. Das jetzige Angebot, EU-Mitglied zu werden, ist aber gleichsam ein Ablasshandel für den Unwillen, die Ukraine zur Selbstverteidigung mit strategischen Waffen zu ertüchtigen. Wieviel vom ukrainischen Territorium infolge des Krieges noch unter ukrainischer Kontrolle sein wird, was von der Infrastruktur, der Wirtschaftsleistung und den Erwerbsmöglichkeiten noch bleibt, ist nicht absehbar. Russland führt einen Vernichtungskrieg und verfolgt zugleich eine demografische „Säuberung“ der Ukraine.

Die Beistandsklausel der EU nach Artikel 42/7 des Vertrags über die Europäische Union (EUV von 2009) besagt zwar, dass die Mitgliedsstaaten im Falle eines „bewaffneten Angriffs auf das Hoheitsgebiet eines Mitgliedstaats“ dazu verpflichtet sind, den Mitgliedstaat zu unterstützen, aber ein formelles Verfahren gibt es nicht. Von daher würde die Ukraine auch infolge eines EU-Beitritts keine harte Sicherheit erhalten. Zudem bleibt unklar, ob die annektierte Krim und weitere von Russland kontrollierte oder auch annektierte Gebiete dann de jure zur EU gehören sollen. Hätten deren Bewohner beispielsweise Anspruch auf eine EU-Staatsbürgerschaft? Oder wäre eine Folge des EU-Beitritts der Ukraine möglicherweise sogar die Anerkennung der russischen Eroberungen? Wie das Beitrittsgebiet der Ukraine eines Tages durch die EU definiert werden könnte, wird noch zu einem Politikum.

Die bisherige Einigkeit der EU angesichts des russischen Angriffskrieges spiegelt einerseits den Verlust von Russlands „soft power“ wider. Die Russische Föderation rückt zum „konstituierenden Anderen“ der EU auf. Allerdings überdeckt die neue Einigkeit nur temporär die innereuropäischen Sollbruchstellen in Fragen der Rechtstaatlichkeit, Migration und Energiepolitik. Die EU war nur kurzzeitig, während der Corona-Pandemie, eine Solidargemeinschaft, ist aber keine Finanz- und keine Sozialunion. Daran hat sich durch den Ukraine-Krieg nichts geändert. Die mediale Politik des „Zeichen-Setzens“ ist damit auch ein Palliativmittel, es dient der Selbstberuhigung.

Die EU hat acht Jahre lang nichts zum Konfliktmanagement, geschweige denn zur Transformation des Konfliktes um die Ukraine beigetragen.

Gleichwohl hat der Krieg in der Ukraine große Nachdenklichkeit ausgelöst. Wenn sich die EU zurücklehnt, weil sie sich per definitionem als Gewinnerin der Geschichte sieht, dürfte auf diese Hybris nur Frustration, Abwanderung und der Auftritt von Konkurrenten wie Russland, China und der Türkei folgen. Die EU hat acht Jahre lang nichts zum Konfliktmanagement, geschweige denn zur Transformation des Konfliktes um die Ukraine beigetragen. Ob die Dimensionen geostrategischer Konkurrenz im postsowjetischen Raum und auf dem Balkan jetzt begriffen wurden und eigene strategische Finalitätsvorstellungen entwickelt werden, wird durch die symbolische Geste gegenüber der Ukraine nicht deutlich.

Solidaritätsbekenntnisse sind vorerst nur ein Zeichen deklarativer Politik. Der Türkei wurde 1999 offiziell der Status eine EU-Beitrittskandidaten zuerkannt – das Ergebnis ist bekannt. Der Wiederaufbau nach dem Krieg wird zum Lackmus-Test im Falle der Ukraine. Mit dem Kriegsende mag die Dringlichkeit zur Aufnahme in die EU abnehmen. Gerade weil der Status als Beitrittskandidat zu nichts verpflichtet, konnte die Union ihre Einigkeit demonstrieren.

Russlands Abstieg

Das Endspiel für das Geschäftsmodell des russischen Petro-Staates hat begonnen. Wie auch immer der Ukrainekrieg endet, Russland wird geschwächt aus ihm hervorgehen. Damit wird auch der künftige Einfluss Russlands im postsowjetischen Raum (und darüber hinaus) durch China, die Türkei, den Iran, die USA und die EU geschmälert. Die russisch-kontrollierte Welt und das übrige Europa werden dauerhaft gespalten sein. Deutschland büßt nicht nur sein Rollenbild als Brückenbauer zwischen Ost und West ein, sondern auch seine Führungsmacht innerhalb der EU. Die Bundesregierung bestimmt mit der gegenwärtigen Ampel-Koalition nicht mehr die Agenda, auch wenn sich inzwischen jene publizistischen Stimmen wieder zurückmelden, die bereit sind, die Ukraine in der Hoffnung zu opfern, damit eine weitere Eskalation des Krieges abwenden zu können.

Mit Putin wird es bestenfalls Waffenstillstände, aber keinen Frieden in Europa mehr geben. Das gegenwärtige russische Regime ist strukturell nicht friedensfähig. Die Mehrheit der russischen Bevölkerung wird ihre Loyalität gegenüber ihrem Führer Putin erst infolge einer Niederlage und der folgenden Katharsis aufgeben. Auch wenn es niemand aussprechen mag, das Kriegsziel des Westens wird auf einen Regimewechsel hinauslaufen.

Auf die Frage, wie weit Putin zu gehen bereit ist, gibt es landläufig zwei konträre Antworten. Die einen nehmen Putin beim Wort: Er hält sich für einen Vollstrecker von kruden Vorstellungen über die Wiedererrichtung des großrussischen Reiches, bereit zur Auslöschung der Ukraine als unabhängigem Staat und zu Massenverbrechen, sogar zum Einsatz von Atomwaffen, wenn er damit den Krieg gewinnen kann.

Russland setzt auf Eskalation, um die Ukraine zur Kapitulation zu zwingen und zunehmend, um eine schmachvolle Niederlage zu vermeiden. Mit einem Vernichtungskrieg soll die Bevölkerung zermürbt, eine Massenflucht ausgelöst und ukrainische Truppen liquidiert werden. Ein russischer Sieg bedeutet unermessliches Leid, zieht aber auch Russlands dauerhafte Isolation nach sich. Moskaus Sieg ist demnach in jedem Fall ein Pyrrhussieg und nur mit Terrorherrschaft zu stabilisieren.

Die Kriegszerstörungen in der Ukraine sind erschütternd, wie hier in der von Russland besetzten Hafenstadt Mariupol. (picture alliance / Tass / Yegor Aleyev)

Nach dieser Lesart lässt sich Putin von Wunschdenken und der Inszenierung von Macht statt von Informationen leiten. Putin ist Gefangener seiner Entscheidungen, weil ein Kriegsverlust das Ende seiner Herrschaft bedeuten würde, von daher muss er gewinnen. Putin hat alle Hemmungen abgelegt. Er verfolgt absolute, nicht mehr verhandelbare Ziele. In das Bild der Eskalationsbereitschaft passt der simulierte Start von atomaren Iskander-Raketen mit Mehrfachsprengköpfen Anfang Mai 2022 in Kaliningrad. Putin droht nicht nur verbal mit Atomkrieg, sondern reizt die Angst vor einem Atomkrieg aus, um Europa von der Unterstützung der Ukraine abzubringen. Ob die USA, Großbritannien oder Frankreich auf einen russischen Atomwaffeneinsatz (sofern nicht auf die Hauptstädte dieser Staaten) mit einem eigenen Zweitschlag antworten, ist fraglich.

Präsident Biden hat mit seiner Rede in Warschau am 27. März 2022 signalisiert, dass es mit Putin einen Kampf auf Leben und Tod gibt. Er rief unverhohlen zum Regimewechsel in Russland auf. Dieses Szenario bedeutet, dass die Ukraine nicht nur zum Widerstand, sondern zur Rückeroberung des russisch kontrollierten Donbas und der Krim befähigt wird. Politisch und wirtschaftlich würde Russland danach wie Nordkorea behandelt. Das heißt, die Russische Föderation würde isoliert, auf unabsehbare Zeit mit einschneidenden Sanktionen belegt und so elementar geschwächt. Die Kombination aus massiver militärischer Hilfe für die Ukraine und Wirtschaftssanktionen dämmt die Gefahr, die von Russland ausgeht, ein. Dieses Szenario beinhaltet, dass Putin sein weit gestrecktes Kriegsziel preisgeben muss, Russland und die Ukraine erst dann verhandeln, wenn Russland mit dem Rücken zur Wand steht. Russlands Niederlage könnte, wie schon manchmal in der russischen Geschichte geschehen, eine massive Schwächung des Regenten oder eine Revolution auslösen. Die bisherigen Profiteure des Regimes, die Oligarchen, der Mittelstand und selbst die Sicherheitsapparate, verlören ihren Wohlstand und kündigten ihre Loyalität auf.

Die gegenteilige Lesart besagt, dass Putin noch zehn bis fünfzehn Jahre im Amt bleibt, das russische Volk sich mehrheitlich um seinen Führer schart und die Ukraine nie in der Lage sein wird, alle russisch eroberten Gebiete zurückzuerobern. Putins Diktatur wird durch den Krieg eher bekräftigt. Trotz aller logistischen und Personalprobleme kann die Ukraine demnach einen Krieg gegen die militärische Übermacht Russland nicht gewinnen.

Wie könnte eine Lösung aussehen?

Ein Waffenstillstand bzw. ein Verhandlungsfrieden wird erst wahrscheinlich, wenn beide Parteien erschöpft sind und die Ukraine so sehr ums Überleben ringt, dass sie zu schmerzhaften Kompromissen bereit ist. Die Ukraine möchte international verbindliche Sicherheitszusagen bekommen und möglicherweise den Status Finnlands (vor dessen absehbarer NATO-Mitgliedschaft) erhalten, Russland wiederum im Gegenzug die Anerkennung der Krim sowie der Donezker und Lugansker „Volksrepubliken". Eine gänzliche Rückeroberung aller von Russland besetzten Gebiete ist unwahrscheinlich. Eine solche Lösung würde den militärischen Status quo mit einer Demarkationslinie zwischen der Ukraine und den von Russland besetzten Gebieten festschreiben, die dann möglicherweise durch internationale Truppen oder Beobachter überwacht wird. Niemand kann der Ukraine von außen vorschreiben, welche Kompromisse sie eingehen sollte.

Wenn Putin bleibt und einen substantiellen Teil seiner Ziele erreicht, müsste mit ihm ein Abkommen geschlossen werden. Ein solcher „Verhandlungsfrieden" könnte in der Neutralität der Ukraine oder einem zehnjährigen Moratorium über die NATO-Mitgliedschaft der Ukraine bestehen oder darin, die NATO-Infrastruktur nicht auf die Ukraine auszudehnen. Die russische Kontrolle über die Krim und die „Volksrepubliken" Donezk und

Lugansk könnte anerkannt werden, auf eine gewaltsame Änderung des Status quo würde von beiden Seiten verzichtet. Der Status quo würde mit einer UN-mandatierten Mission international garantiert.

Zwei Mächte sind für den Ausgang des Krieges entscheidend: die USA und China. Die USA setzen auf eine dauerhafte Schwächung des Putinschen Regimes. China wiederum ist ambivalent, es profitiert von der Schwächung Russlands, sieht Russland jedoch als Verbündeten in der Rivalität mit den USA, denen es nach einer möglichen Niederlage Russlands nicht allein gegenüberstehen möchte. Ein Verhandlungsfrieden scheint nur möglich, wenn sich beide, die USA und China, darin einig sind, dass eine unabsehbare Fortsetzung des Krieges schädlich für die globale Wirtschaft und für die internationale Sicherheit ist. Die USA können nicht beide Rivalen gleichzeitig niederringen. China würde seinerseits Zusagen von den USA in Bezug auf Taiwan erwarten. Von Russland geht eine gesamteuropäische Gefahr für den Frieden aus. Es bedürfte eines neuen Henry Kissingers in den USA, der China davon überzeugt, sich von Russland abzusetzen. Putin hört nur auf China, aber die Pekinger Führung wird nur sprechen, wenn die USA ihr entgegenkommen. Die Ukraine wird wiederum so lange nicht verhandeln, wie sie an die Ermunterung aus den USA und Großbritannien glaubt, der Krieg könne gewonnen werden.

Russland unternimmt alles, um lateinamerikanische, afrikanische, zentralasiatische und südostasiatische Staaten als politische, wirtschaftliche und militärische Partner für sich zu gewinnen. Die absehbaren Nahrungsmittelkrisen, die politische Instabilität im globalen Süden nach sich ziehen, werden durch die russische Propaganda auf die westliche Sanktionspolitik zurückgeführt. Der Krieg gegen die Ukraine hat globale Ausmaße. Darauf muss sich die Politik heute einstellen und vorausschauend Reserven für den globalen Süden angelegen.

Der Krieg gegen die Ukraine hat globale Ausmaße. Darauf muss sich die Politik heute einstellen und vorausschauend Reserven für den globalen Süden angelegen.

Der Westen braucht einen ganzheitlichen Ansatz aus Sanktionen, Waffenlieferungen, Isolation Russlands, Wirtschaftshilfe und Energiesicherheit für die Ukraine sowie einer konkreten Aussicht auf EU-Mitgliedschaft der Ukraine. Die zügige Einrichtung international überwachter Schutzzonen kann Leben retten, Leid mindern, Menschen dichter an ihrer Heimat schützen und Zeit für Verhandlungen schaffen. Entmilitarisierte Zonen, Pufferzonen, Deeskalationszonen und humanitäre Korridore tragen dazu bei, die Gewalt und deren Intensität zu reduzieren.

Johannes Varwick

Neue Herausforderungen für die EU-Sicherheitspolitik

Professor Johannes Varwick (geb. 1968) ist Inhaber des Lehrstuhls für internationale Beziehungen und europäische Politik an der Universität Halle-Wittenberg. Zuvor war er Professor an den Universitäten Kiel und Erlangen-Nürnberg. Seine Schwerpunkte sind internationale Organisationen sowie die internationale, europäische und deutsche Sicherheitspolitik.

Welche Auswirkungen der Krieg gegen die Ukraine und die neue Eiszeit im Verhältnis zu Russland für die EU-Sicherheitspolitik haben werden, ist heute noch nicht abzusehen. Die Bedeutung des Themas Sicherheitspolitik dürfte jedoch auch angesichts struktureller Hindernisse für die EU größer werden.

Die sicherheitspolitische Lage hat sich seit dem russischen Angriffskrieg gegen die Ukraine im Februar 2022 drastisch verändert. Er berührt die europäische und internationale Sicherheit unmittelbar. Diese „Zeitenwende“ erzwingt eine Prüfung, ob und inwieweit bisherige Gewissheiten in der internationalen Konfliktvermeidung und -lösung überholt sind und angepasst werden müssen. Kern einer „Zeitenwende“ ist, dass es ein Davor und ein Danach gibt – und das Danach anders aussieht. Zugleich gibt es aber auch eine Pfadabhängigkeit, die es erschwert, auf Veränderungen angemessen zu reagieren. Dies ist im Bereich der EU-Sicherheitspolitik besonders relevant.

Bisher folgte die Integrationsgeschichte meist dem Muster einer stetigen Schwankung zwischen Krise und Fortschritt.

Krisen sind im Verlauf der europäischen Integration eher der Normal- als ein Sonderfall. Bisher folgte die Integrationsgeschichte meist dem Muster einer stetigen Schwankung zwischen Krise und Fortschritt. Es handelte sich mithin nicht um „Existenzkrisen der EU“, sondern um „Entwicklungskrisen der EU“, die den Integrationsprozess im Ergebnis durch eine weiter fortschreitende Vergemeinschaftung auf eine neue Stufe gehoben haben. Welche Wirkungen der russische Angriff auf die Ukraine im Februar 2022 haben wird, ist heute noch nicht abzusehen. Es spricht aber vieles dafür, dass der Wert der europäischen Einigung in der Wahrnehmung der meisten Mitgliedstaaten grundsätzlich zunimmt und damit die Chancen für eine einheitliche Position wachsen. Anderseits dürfte die NATO an Bedeutung für die europäische Sicherheit gewinnen. Zugleich gerät die EU mit dem Angebot einer zukünftigen Mitgliedschaft für die Ukraine und Moldau zusätzlich unter Druck, ihre internen Hausaufgaben zu erledigen und ihr Integrationsmodell zu überdenken.

Strategische Autonomie in Theorie und Praxis

Bereits seit längerer Zeit ist das Umfeld der EU auf eine Art und Weise unsicher geworden, die sich in der Aufbruchsstimmung der 1990er Jahre kaum jemand hätte ausmalen können. Da ist ein zunehmend aggressiv auftretendes, revisionistisches Russland, manifest insbesondere, aber nicht nur in der Krim-Krise 2014, dem Krieg im Donbas und dem weiter eskalierten Ukrainekrieg 2022. Im Süden und Südosten des EU-Territoriums steigt außerdem der Stabilisierungsbedarf, wobei sich erweist, dass die europäische Nachbarschaftspolitik nicht in der Lage ist, diesen zu gewährleisten. Darüber hinaus gibt es beunruhigende Entwicklungen in der Türkei, Folgewirkungen des Chaos im Nahen Osten in Gestalt von Terrorismus und Flüchtlingsströmen und riesige Herausforderungen in Afrika. Diese Krisen überlappen sich mit weiteren globalen Themen wie dem Klimawandel und der Gefahr von Massenvernichtungswaffen. All dies ereignet sich vor dem Hintergrund einer unsicheren Partnerschaft mit den USA und einem zunehmend machtbewusst auftretenden China.

Grundsätzlich kann kein EU-Mitgliedstaat seine Sicherheit mehr allein gewährleisten, und nur noch wenige Staaten verfügen über ein breites Fähigkeitsprofil, politisch wie militärisch. Allerdings böten die blumigen Bestimmungen zur Sicherheitspolitik im EU-Vertrag von Lissabon (2009) schon seit fast einem Jahrzehnt die Möglichkeit, einen außen- und sicherheitspolitischen Ansatz mit entsprechenden Fähigkeiten zu stärken und weiterzuentwickeln. Denn die Instrumente und der rechtliche Handlungsrahmen sind grundsätzlich vorhanden.

Grundsätzlich kann kein EU-Mitgliedstaat seine Sicherheit mehr allein gewährleisten.

Strategischer Kompass als Antwort

Mitten im Ukraine-Krieg im März 2022 hat die EU ihren „Strategischen Kompass“ beschlossen, der die gemeinsamen Ziele im Bereich Sicherheit und Verteidigung neu definiert und die Mitgliedstaaten in den kommenden zehn Jahren auf konkrete Ziele verpflichtet. Die dynamische Entwicklung und enge Zusammenarbeit sprechen unzweifelhaft für eine Stärkung der sicherheitspolitischen Rolle der EU. Doch ihre Form hat sich in den vergangenen Jahren schneller entwickelt als ihre Funktion und operative Fähigkeit. Denn die Absichtserklärungen der Mitgliedstaaten reichen oft weiter als der Wille zur praktischen Zusammenarbeit.

Die Europäer müssen ihre Handlungsmöglichkeiten in Krisensituationen verbessern und haben sich dazu verpflichtet. Weniger Geld und eine veränderte Bereitschaft der US-Regierung, sich für europäische Belange zu engagieren, zwingen geradezu zu mehr Gemeinsamkeit. Die Debatte dreht sich dabei zunehmend um den schillernden Begriff der „strategischen Autonomie“. Darunter wird die Fähigkeit verstanden, gemeinsam sicherheitspolitische Prioritäten zu formulieren und über die Mittel zu verfügen, diese souverän umzusetzen. Der Begriff ist mit vielen Fragezeichen verbunden. Bisher ist unklar, ob der EU genügend und die richtigen Mittel bereitstehen, ob ihre tragenden Mitgliedstaaten wie Deutschland und Frankreich darunter das Gleiche verstehen, was das für die NATO bedeutet und welche Rolle die EU tatsächlich in der Sicherheitspolitik spielen kann und soll.

Die Europäer müssen ihre Handlungsmöglichkeiten in Krisensituationen verbessern und haben sich dazu verpflichtet.

Solange die europäischen Nationen sich nicht darüber einigen, wann, wie und wofür Streitkräfte zukünftig eingesetzt werden, wird sich wenig ändern. Infolge des russischen Angriffs auf die Ukraine ist die Bedeutung der NATO und der Sicherheitsgarantie der USA deutlich gewachsen, und es ist unklar, was das für die sicherheitspolitische Rolle der EU bedeutet. Der Bedeutungszuwachs der NATO könnte zu Lasten der EU gehen. Oder die Rolle der EU in der NATO nimmt zu, und daraus erwächst eine engere innereuropäische Zusammenarbeit.

Zentral für die Entwicklungsperspektiven der EU bleibt jedenfalls ihr Verhältnis zur NATO und die Frage, wie weit sich die EU autonom entwickeln wird oder ob das transatlantische Verhältnis langfristig auf eine bilaterale Struktur mit zwei Pfeilern – USA und EU – hinausläuft. Unsicher

US-Präsident Joe Biden steht fest auf der Seite der Ukraine. (picture alliance / zumapress.com / Adam Schultz / White House)

ist auch, ob die USA auf Dauer verlässlicher Partner bleiben oder ob aus innenpolitischen Gründen ein Rückzug zu erwarten ist.

Wenn pragmatische Ansätze längerfristig funktionieren sollen, müssten visionäre Pläne für eine bessere innereuropäische Arbeitsteilung bis hin zu praktikablen Schritten zu einer Art europäischen Armee auf die europäische Agenda gesetzt werden, ohne zu erwarten, dass dies kurzfristig durchsetzbar wäre. Eine realistische Vision könnte der Aufbau einer „Europaarmee" als „Armee der Europäer" sein als Instrument einer gemeinsamen europäischen Sicherheits- und Verteidigungspolitik im Zusammenwirken mit der Entwicklung einer gemeinsamen europäischen Sicherheitskultur. Aber das bleibt bislang ein Zukunftsprojekt.

Seltsame Supermacht EU

Es ist zwar nicht neu, dass die EU-Mitgliedstaaten sich in ihren sicherheitspolitischen Vorstellungen stark unterscheiden, aber die tiefe Bruchlinien lassen es zunehmend aussichtlos erscheinen, aus dem vielbeklagten „außenpolitischen Zwerg EU" einen eigentlich dringend benötigten Riesen zu machen. Die Union steht vor der Herausforderung, ihre inneren Probleme und Krisen nachhaltig zu lösen und eine konstruktive Entscheidungskultur zu schaffen. Vor allem im Umgang mit Polen und

NATO-Generalsekretär Jens Stoltenberg und die Präsidentin des Europäischen Parlaments Roberta Metsola im April 2022 in Brüssel. (picture alliance / AP / Olivier Matthys)

Ungarn wird sich zeigen, wie resilient die EU gegen Schädigungen von innen ist.

Die integrationspolitischen Herausforderungen und die damit einhergehende Orientierung nach innen fallen zusammen mit einer grundlegenden Machtverschiebung im internationalen System. In ihren Außenbeziehungen muss es der EU gelingen, eine gemeinsame Vorstellung internationaler Ordnung sowie der Instrumente und Ziele ihres auswärtigen Handelns zu entwickeln. Die EU steht auch vor der Herausforderung, den Interessenspagat zwischen ihrer wirtschaftlichen Partnerschaft mit den aufstrebenden Mächten Asiens und dem sicherheitspolitischen Bündnis mit den USA zu meistern.

Die Spannung wird hinsichtlich der US-Entkopplungsstrategie gegenüber China noch wachsen. Die bisherigen Prämissen des transatlantischen Verhältnisses stehen damit ebenso auf dem Prüfstand wie die Rolle, welche die europäischen Staaten neben den USA und den aufstrebenden Mächten einnehmen wollen und können. Die weltpolitische Lage erfordert eigentlich eine effektive Außen- und Sicherheitspolitik „aus einem Guss“. Trotz unbestreitbarer Fortschritte kann und will die EU die vertraglich vorhandenen Möglichkeiten und Instrumente wohl nicht wirklich nutzen. Sie lässt sich zwar als „seltsame Supermacht" bezeichnen, aber in sicherheitspolitischen Fragen bleibt sie einstweilen eine „Macht im Konjunktiv". Bereits in der Corona-Pandemie war die Union in eine Phase der Selbstbeschäftigung eingetreten. Ob sich das infolge der Ukraine-Krise ändert, ist ungewiss. Nach außen bleibt die EU bislang ein fragmentierter Akteur, der in jeder Krise um den inneren Zusammenhalt ringen muss. Staatliche Ansprüche auf Souveränität bleiben also das größte Hindernis für Fortschritte in Europa. Dieses „Souveränitätsparadoxon der EU" lässt sich kaum kurzfristig ändern.

Die EU im „Ost-West-Konflikt 2.0"

Die Verflechtung und die gegenseitige Abhängigkeit der EU-Staaten untereinander sind gleichwohl bereits heute derart hoch, dass der große Sprung hin zu einer „Europaarmee" eines Tages die logische Folge des europäischen Integrationsprozesses sein dürfte. Aber die EU-Sicherheitspolitik kann nur in dem Maße funktionieren und wachsen, wie sich die gesamte EU in Richtung zu mehr Staatlichkeit und hin zu einem einheitlichen politischen Akteur entwickelt. Sie hat mithin Quantensprünge hinter sich. Um ihre Handlungsmöglichkeiten auszuschöpfen, ist aber ein weiterer Riesenschritt notwendig.

Ob die ernste Lage und ein neu aufgelegter „Ost-West-Konflikt 2.0" nun dazu führen, dass die EU-Mitgliedstaaten sich wirklich „zusammenraufen", ist noch nicht absehbar. Die Diskussionen darüber, das Einstimmigkeitsprinzip in der EU-Außen- und Sicherheitspolitik aufzugeben, zeigen, dass hier Bewegung möglich wäre. Die bisherigen Erfahrungen lehren aber auch, dass die Mitgliedstaaten diese Domäne vermeintlicher nationaler Souveränität nicht bereitwillig aufgeben werden.

Es bleibt dennoch richtig, dass die EU potenziell über eine enorme Breite an sicherheitspolitischen Handlungsmöglichkeiten verfügt. Die Geschlossenheit etwa, mit der die 27 Mitgliedstaaten rasch weitgehende Sanktionen gegen Russland verhängt haben, hat gezeigt, dass bei ausreichendem Druck von außen ein gemeinsamer Handlungswillen möglich ist.

Sopio Koiava

Die EU-Nachbarschaftspolitik in der Krise

Sopio Koiava, geboren 1989, studierte Journalistik in Tbilisi/Georgien und Politikwissenschaft an der Martin-Luther-Universität in Halle-Wittenberg, wo sie nun als Wissenschaftliche Mitarbeiterin tätig ist. Ihre Forschungsschwerpunkte sind Internationale Beziehungen im postsowjetischen Raum, hybride Systeme und Transformationsprozesse in den ehemaligen sowjetischen Staaten.

Die EU hat für die Länder des Westbalkans und für die ihr benachbarten Staaten Osteuropas unterschiedliche Mechanismen entwickelt. Angesichts des russischen Krieges gegen die Ukraine ist zu überlegen, wieweit diese Werkzeuge noch aktuell sind. Während für die Östliche Partnerschaft ein neuer Ansatz nötig ist, muss für den Westbalkan eine konkrete Perspektive entwickelt werden.

Der Ukraine-Krieg als „Game Changer"?

Der Krieg in der Ukraine wirft neue Fragen nach einer neuen EU-Erweiterungspolitik auf. Staaten, die sich schon länger eine Mitgliedschaft zum Ziel gesetzt haben, hoffen, dass sich der Ukraine-Krieg als „Game-Changer" für die Ost- und Südostpolitik der EU erweist. Als der ukrainische Präsident Wolodymyr Selenskyj den Antrag auf Mitgliedschaft in die EU stellte, folgten sogleich Georgien und Moldau. Diese drei Staaten waren schon 2004 in die Europäische Nachbarschaftspolitik aufgenommen worden, 2008 verstärkte die EU diese Kooperation durch die Östliche Partnerschaft (ÖP).[1]

1 Die Östliche Partnerschaft ist ein Teilprojekt der Europäischen Partnerschaft (ENP). Es wurden mit sechs postsowjetischen Staaten entsprechende Abkommen geschlossen, mit Armenien, Aserbaidschan, Belarus, Georgien, Moldau und Ukraine. Sie soll nach EU-Verständnis die notwendigen Voraussetzungen für die Beschleunigung der politischen Assoziierung und der weiteren wirtschaftlichen Integration mit der EU ermöglichen. Kritiker sehen darin den Versuch, den Wunsch nach einer EU-Mitgliedschaft mit einem Scheinangebot abzuspeisen.

Seitdem machte die EU stets deutlich, dass die ÖP eine Mitgliedschaft ausschließe und sich lediglich darauf beschränke, „Stabilität, Demokratie und Prosperität zu stärken, die politische, wirtschaftliche und gesellschaftliche Annäherung dieser Länder an die EU zu fördern und die Beziehungen der Nachbarstaaten untereinander zu verbessern." Ein EU-Beitritt hingegen war für die Länder des Westbalkans zwar lange eine ganz reale Möglichkeit und wurde ihnen auf dem Gipfel in Thessaloniki 2003 auch noch in Aussicht gestellt – seit einiger Zeit sind die Verhandlungen jedoch auf Eis gelegt.

Die ÖP, aber auch die Politik der EU gegenüber den Ländern des Westbalkans, werden oft kritisiert, weil die Stabilität in der Nachbarschaft nicht erreicht wurde. Einige Partnerländer weisen Rückschritte in ihrer demokratischen Entwicklung auf. Außerdem sind andere große Akteure, wie Russland und China, militärisch oder wirtschaftlich in diesen Regionen präsent. Nicht zuletzt wächst die Enttäuschung über Brüssel innerhalb der ÖP-Länder und des Westbalkans. Warum hat sich die Ost- und Südostpolitik der EU als ineffektiv erwiesen? Scheitert die EU-Politik an mangelndem Interesse an diesen Regionen oder an einer fehlenden Vision?

Im Widerspruch zu russischen Interessen

Die ÖP wurde 2008 durch den russisch-georgischen Krieg beschleunigt, da die EU ihre Rolle in der Region stärken wollte. Über die Jahre haben sich unter den ÖP-Staaten ganz unterschiedliche Interessen an dieser Kooperation herauskristallisiert. Während Belarus, Aserbaidschan und Armenien eine politische Annäherung an die EU von sich weisen, bleiben Georgien, die Ukraine und Moldau bis heute ihrem Wunsch nach Annäherung treu.

Im Rahmen der ÖP sollten diese Staaten eine demokratische Entwicklung durchlaufen, ihre Wirtschaften stärken und sich nach dem EU-Modell wandeln. Seit Georgien, Moldau und die Ukraine 2014 das Assoziierungsabkommens mit der EU unterzeichneten, erhielten sie Zugang zum europäischen Markt und Visafreiheit. Inzwischen ist die EU der größte Handelspartner der drei Staaten.

Die EU hat sich selbst dabei lange als neutralen Akteur gesehen und ist bei der Gestaltung ihrer Außenpolitik von einem klassischen liberalen Verständnis ausgegangen: Demokratien führen keinen Krieg gegeneinander. Daher sollte durch die Demokratisierung der Staaten in der Region eine stabile Nachbarschaft entstehen. Auch den Faktor Russland glaubten die Entscheidungsträger in Brüssel nicht vergessen zu haben. Eine NATO-Mitgliedschaft der Ukraine und Georgiens wurde abgelehnt, in Konfliktregionen engagierte sich die Union fast nur über die internationalen Organisationen OSZE und die UN. Die EU war sich sicher, mit dem auf demokratische und wirtschaftliche Transformation gerichteten Engagement Sicherheitsinteressen Russlands nicht berührt zu haben.

Sicherung der Einflusszonen

Der russische Präsident Wladimir Putin gestaltet seine Außenpolitik jedoch nach den Grundzügen des klassischen Realismus. Durch die Sicherung der Einflusszonen in der Region strebt er mehr Macht und daraus resultierend Sicherheit an. Um seinen Einfluss in den postsowjetischen Staaten zu sichern, bedarf es jedoch eines entsprechenden Umfelds vor Ort: eine schwache Wirtschaft, korrupte Regierung, schwache Zivilgesellschaft, kontrollierte Medien und am besten eine prorussische politische Elite. Im Gegensatz dazu bedeuten demokratisierte, wirtschaftsstarke Nachbarländer weniger Einfluss für die Kremlführung. Ein so technokratisch angelegtes Projekt wie die ÖP kollidiert somit mit den Sicherheitsinteressen Russlands. Die Nachbarschaftspolitik der EU war geopolitisch nicht genug durchdacht, um mögliche Konfliktszenarien vorherzusehen und noch weniger darauf vorbereitet, ihnen zu begegnen. Zum Teil war diese Entwicklung Resultat der Uneinigkeit zwischen den Mitgliedstaaten. Auch wenn die EU als Gemeinschaft lange Zeit eine „Russia first"-Politik betrieben hat, gab es unterschiedliche Interessen und Sichtweisen bezüglich der Gestaltung der östlichen Nachbarschaftspolitik.

Vor dem Ukraine-Krieg waren zwei gegensätzliche Strategien erkennbar: einerseits eine zurückhaltende Politik, die russische Interessen berücksichtigte, andererseits eine offensivere Sicherheitsstrategie. Während die deutsche und die französische Regierung lange davon überzeugt waren, dass Frieden in der Nachbarschaft nur mit Russland möglich sei, sahen die baltischen Staaten in Moskau eine Bedrohung. Sie plädierten dafür, die ÖP noch weiter auszubauen und sie stärker sicherheitspolitisch gegen Russland auszurichten. Diese unterschiedlichen Perspektiven und Interessen erschwerten es, eine Vision für die Region zu entwickeln.

Während die deutsche und die französische Regierung lange davon überzeugt waren, dass Frieden in der Nachbarschaft nur mit Russland möglich sei, sahen die baltischen Staaten in Moskau eine Bedrohung.

Der Ukraine-Krieg hat die Annäherung des Landes an die EU in der Not befördert. (picture alliance / Daniel Kubirski)

Der Krieg in der Ukraine hat nun zum Umdenken geführt. Das Europäische Parlament hat beschlossen, der Ukraine und Moldau den lange erwünschten Kandidatenstatus zu verleihen, für Georgien wurde vorerst nur eine „europäische Perspektive" empfohlen. Dies ist nicht nur für die EU ein „historischer Augenblick auf geopolitischer Ebene", sondern auch für die Ukraine und Moldau eine einmalige Möglichkeit, sich aus der russischen Einflusszone zu lösen. Angesichts der demokratischen Rückschritte und der zunehmend zerrütteten Beziehungen zwischen der EU und der georgischen Regierung war die Entscheidung des EU-Parlaments zu Georgien nachvollziehbar. Georgiens europäische Zukunft bleibt an klare Anforderungen gebunden: Justizreform, Schutz der Minderheiten, ein Ende der politischen Polarisierung und Deoligarchisierung.

Georgien, die Ukraine und Moldau müssen jetzt ihre „Hausaufgaben" machen, um ihre europäische Integration zu beschleunigen. Aber auch die EU kann die Lage verbessern und sollte sich an drei Punkten orientieren: 1. Es werden mehr länderspezifische Angebote benötigt. So wird nach dem Krieg in der Ukraine der Wiederaufbau höchste Priorität haben. In Moldau und Georgien sollte die EU verstärkt die Zivilgesellschaft unterstützen. 2. Die Union sollte keine falschen Versprechungen für einen Beitritt machen und die Staaten nicht in einen ewigen Verhandlungsprozess ziehen. Benötigt wird stattdessen eine klare Strategie, wie es weitergehen könnte. 3. Bilaterale Beziehungen zu diesen Ländern müssen sicherheitspolitisch nachjustiert werden. Die EU muss aus den jüngsten Entwicklungen lernen, um wirtschaftlich, politisch und strategisch konfliktfähig zu sein und auf die Politik der Kremlführung reagieren zu können.

Die Erweiterungspolitik auf dem Westbalkan

Seitdem die EU in den Balkan-Kriegen als internationaler Akteur gescheitert ist, versucht sie im postjugoslawischen Raum wieder an Bedeutung zu gewinnen und handlungsfähiger aufzutreten. Die EU-Strategie auf dem Westbalkan ähnelte der der Östlichen Partnerschaft. Sie beruhte auch dort auf der Annahme, dass Demokratisierung einer Krisenregion Stabilität verleihen könnte.

Wichtiges Ziel war, die Zusammenarbeit zu verstärken und diese Länder schneller für einen EU-Beitritt vorzubereiten, um die unkontrollierte Migration aus der Region einzudämmen und die regionale Stabilität zu fördern. Auch unerwünschte Einmischung dritter Staaten wie Russland, China oder die Türkei solle so unterbunden werden.

Seit dem Gipfel in Thessaloniki befinden sich all diese Staaten in einer Warteschleife, ohne konkretes Datum für eine Mitgliedschaft. Dennoch bleibt der Westbalkan eine „geostrategische Priorität" für die EU. Der lettische Premier Krisjanis Karins sagte es so: „Entweder streckt Europa seine Hand aus oder andere werden es tun".

Die sechs Länder des Westbalkans haben auf dem Weg in die EU unterschiedliche Stadien im Beitrittsprozess erreicht. Serbien ist im Prozess am weitesten fortgeschritten, gefolgt von Montenegro. Albanien und Nordmazedonien warten schon länger auf die Eröffnung der Beitrittsverhandlungen, Bosnien-Herzegowina und Kosovo verharren bis heute im

Der albanische Premierminister Edi Rama, der Präsident des Europäischen Rates Charles Michel und die Präsidentin der EU- Kommission Ursula von der Leyen beim Gipfel der Europäischen Union und dem Westbalkan im Juni 2022. (picture alliance / ANP / Jonas Roosens)

Status möglicher Kandidaten. Seit dem Versprechen, in die EU aufgenommen zu werden, haben diese Länder ihre Märkte geöffnet, ihre Wirtschaft liberalisiert und privatisiert.

Die Integration in das europäische Wirtschaftssystem hat jedoch auch erhebliche Nachteile für die Westbalkanländer. Durch die Öffnung ihrer Volkswirtschaften ist sowohl die private als auch die öffentliche Verschuldung angestiegen, Industrien sind aufgrund der EU-Konkurrenz teilweise verschwunden. Zudem musste der Westbalkan wegen seiner Abhängigkeit von der EU auch Krisen durchmachen.

Ohne den Stabilisierungsmechanismus der EU waren die Länder im Vergleich zu den Mitgliedstaaten mit längerfristigen Folgen konfrontiert. Emigration und Arbeitslosigkeit haben zugenommen, die soziale Ungleichheit in den Ländern wurde verschärft.

Nur ein kleiner Anteil der Bevölkerung profitiert von den neuen Prozessen, größere Teile der Mittelschicht rutschen in die Armut.

Nur ein kleiner Anteil der Bevölkerung profitiert von den neuen Prozessen, größere Teile der Mittelschicht rutschen in die Armut. Das begünstigt die Zunahme des Rechtpopulismus, was wiederum eine Anpassung an das politische und wirtschaftliche Umfeld der EU erschwert. Ein weiteres Problem besteht darin, dass die von der EU geleisteten Hilfen bei den oft korrupten politischen Eliten landen und nur privaten Interessen dienen, anstatt in die Modernisierung der Länder investiert zu werden. Es entsteht ein Teufelskreis, in dem die EU, die Rechtsstaatlichkeit fördern will, das Gegenteil bewirkt.

Russland, die Türkei und China sind auch aktiv

Da die Hoffnungen auf die EU-Mitgliedschaft vielerorts schwinden, treten andere große Mächte als mögliche Partner auf. So hat China sein Engagement auf dem Westbalkan intensiviert und beabsichtigt, die Region in seine Seidenstraßen-Initiative zu integrieren. Dadurch werden Abhängigkeiten geschaffen, die als politische Druckmittel eingesetzt werden können. Als der serbische Präsident Aleksandar Vučić öffentlich die chinesische Flagge küsste und den chinesischen Führer als „Freund und Bruder Xi Jiping“ bezeichnete, wurde ein Signal an die EU, aber auch an die eigene Bevölkerung geschickt: Die Partnerschaft mit der EU ist nicht die einzige Möglichkeit, die Probleme des eigenen Landes zu lösen. Während China sich auf die wirtschaftliche Anbindung konzentriert, versuchen Russland und die Türkei politische und gesellschaftliche Beziehungen zu vertiefen.

Serbien pflegt aus historischen Gründen enge Beziehungen zu Russland. So kann das Land auf russische Unterstützung zählen, um die Mitgliedschaft von Kosovo in der UNO zu verhindern. Ähnlich wie in Serbien pflegt die Moskauer Führung auch in Nordmazedonien und Montenegro die engen religiösen Beziehungen zur orthodoxen Kirche. Die türkische Strategie setzt auf muslimisch-religiöse und kulturelle Gemeinsamkeiten mit Bosnien und Kosovo. Ob die normative Politik der EU mit realpolitischen Ansprüchen dieser Konkurrenz der Akteure standhalten kann, bleibt abzuwarten.

Die Modifizierung der EU-Politik auf dem Westbalkan sollte sich an den folgenden Punkten orientieren: 1. Der Westbalkan benötigt eine klare Entwicklungsstrategie. Die EU sollte in das sozioökonomische Wachstum der Länder investieren und die Region wirtschaftlich stärken, um einer weiteren massiven Migration aus der Region entgegenzuwirken. 2. Die Union sollte die Zivilgesellschaft stärken, gesellschaftliche Akteure identifizieren und unterstützen, um populistischen und rechtsradikalen Gruppen entgegenzuwirken. 3. Die EU sollte ihrer Erweiterungspolitik neue Impulse verleihen, um Enttäuschung und daraus resultierende Skepsis zu verhindern. 4. Angesichts der geopolitischen Bedeutung des Westbalkans sollte die EU die Interessen der anderen Akteure stärker berücksichtigen und geopolitisch aktiver werden.

Fazit

Beim Vergleich der EU-Politik gegenüber den ÖP-Ländern und den Westbalkanstaaten lassen sich einige Gemeinsamkeiten erkennen. Trotz einiger Erfolge verharren die Partnerschaften in einer Warteschleife. Die Union konnte bisher weder den Erwartungen der Partnerländer gerecht werden noch eine konkrete Vision entwickeln. Faktoren, die eine effektive Nachbarschaftspolitik erschweren, sind in beiden Fällen auf ähnliche Gründe zurückzuführen:

1. Mangel an Interesse. Hier lässt sich länderspezifisch differenzieren. Die Ukraine war aufgrund ihrer Größe und zentralen Lage in Europa immer weit oben auf der Prioritätenliste der Union. Dies zeigte sich besonders in ihrem Engagement für die territoriale Integrität der Ukraine. Ähnlich verhält es sich mit den Ländern des Westbalkans. Die EU hat mehrmals signalisiert, dass die Region für sie von geostrategischer Be-

deutung ist. Die Beziehungen zu Georgien und Moldau hingegen gingen in der Vergangenheit kaum über den Rahmen der ÖP hinaus.

2. Das Fehlen einer sicherheitspolitischen Strategie. Ohne eine sicherheitspolitische Dimension wird die EU von anderen Großmächten als Akteur nicht ernst genommen, weil sie sich in der von Hard Powers dominierten Weltordnung nicht durchsetzen kann. Eine realitätsbasierte Geopolitik ist sowohl im Osten als auch im Südosten Europas notwendig. Hierfür muss sich die EU von ihrem normativen Charakter ab- und den geopolitischen Fragen zuwenden.
3. Unterschiedliche Interessen und Strategien der Mitgliedstaaten gegenüber den Ländern der ÖP und des Westbalkans.
4. Angesichts der sich überlappenden Krisen (Finanzkrise, Covid-Pandemie, Brexit, Demokratiedefizit in den Mitgliedstaaten) haben auch die Beziehungen zu den Nachbarländern gelitten.

Im Lichte des Ukraine-Krieges ist es notwendig, die Fehler und Prioritäten der Vergangenheit zu untersuchen, um eine geschlossene, realitätsbasierte Geopolitik zu formulieren. Eine Justierung der Nachbarschaftspolitik ist gerade relevanter denn je.

Zuzana Stuchlíková

Die veränderte Rolle der Visegrád-Staaten

Zuzana Stuchlíková ist Wissenschaftliche Mitarbeiterin am Institut für Europapolitik EUROPEUM in Prag. Zuvor war sie wissenschaftliche Assistentin in der Abteilung für Europäische Studien des Instituts für Internationale Studien der Karls-Universität Prag und leitete von 2013 bis 2020 das Brüsseler Büro des EUROPEUM.

Die Visegrád-Gruppe, bestehend auf Polen, Tschechien, Ungarn und der Slowakei, wurde lange Zeit als geschlossener Block innerhalb der Europäische Union wahrgenommen, der Einigungen, insbesondere in der Migrationspolitik, blockierte. Der russische Angriffskrieg gegen die Ukraine hat die Beziehungen unter den vier ostmitteleuropäischen Staaten grundlegend verändert.

Veränderte Dynamik in Mitteleuropa

Während der russische Einmarsch in der Ukraine den Westen und die EU in einer Einigkeit zusammenführte, die viele positiv überrascht hat, war für die Visegrád-Gruppe (V4) das Gegenteil der Fall. Polen und Tschechien forderten die strengsten Sanktionen gegenüber Russland und nahmen die meisten Flüchtlinge auf. Ungarns Regierungschef Viktor Orbán, der bei den Parlamentswahlen im März 2022 erneut einen überwältigenden Sieg errang, blieb weiterhin der russlandfreundlichste EU-Politiker.

Dies verkompliziert nicht nur die bereits angespannten Beziehungen zwischen Ungarn und der EU[1], sondern verändert auch die Dynamik innerhalb Mitteleuropas. Die traditionelle Partnerschaft zwischen Polen und Ungarn wurde auf die Probe gestellt. Viele verkündeten bereits das Ende der V4, nachdem das jüngste Treffen der Verteidigungsminister im März 2022 in letzter Minute abgesagt wurde. Der tschechische und der

1 Aufgrund der Rechtsstaatlichkeit und des systematischen Aufbaus einer illiberalen Demokratie in Ungarn.

polnische Minister hatten aufgrund der ungarischen Haltung zur Ukraine ihre Teilnahme verweigert.

Haben die notorischen Pessimisten in der übrigen EU recht, die darin das Ende der Visegrád-Initiative sehen, wie wir sie in den vergangenen Jahren kannten? Oder wird sie weiterhin eine erfolgreiche Plattform für die Zusammenarbeit auf regionaler Ebene sein?

Gemeinsame Herausforderungen standen am Anfang

Die Zusammenarbeit der Visegrád-Staaten entstand Anfang der 1990er Jahre, als die zunächst drei mitteleuropäischen Länder (Ungarn, Polen, Tschechoslowakei) nach dem Ende der kommunistischen Regime auf dem Weg „zurück nach Europa" waren. Ursprünglich als V3 gegründet, wurde die Gruppe 1993 nach dem Zerfall der Tschechoslowakei (Tschechien und Slowakei) zur Vierergruppe.

Der Hauptzweck der Zusammenarbeit in den 1990er Jahren war die gegenseitige Unterstützung bei der Wiedereingliederung in die westlichen Strukturen. Die Länder standen vor ähnlichen Herausforderungen der wirtschaftlichen Umgestaltung und waren sehr daran interessiert, sowohl der NATO als auch der EU beizutreten. Nach dem erfolgreichen Beitritt geriet die Zusammenarbeit vorübergehend ins Stocken.[2] Ihr Zweck war plötzlich nicht mehr klar, und es dauerte einige Zeit, bis die Länder erkannten, dass sie selbst innerhalb der EU noch gewisse Gemeinsamkeiten haben, wie die verschiedenen Übergangsfristen. Inhaltlich blieb diese Kooperation jedoch bis 2015 begrenzt, als Europa mit einer Migrationswelle aus dem Nahen Osten konfrontiert wurde.

Für die meisten EU-Länder war die Migrationskrise das erste Mal, dass sie die Existenz der Visegrád-Gruppe wahrnahmen.

Die V4 sprachen sich gemeinsam gegen die verpflichtenden Umsiedlungsquoten aus. Stattdessen formulierten sie die Idee einer „flexiblen Solidarität" und schlugen einen freiwilligen Verteilungsmechanismus vor. Für die meisten EU-Länder war die Migrationskrise das erste Mal, dass sie die Existenz der Visegrád-Gruppe wahrnahmen – leider etablierten sich die V4-Länder deshalb aufgrund des Fehlens einer positiven Agenda und der Ablehnung gemeinsamer Lösungen als „unheilbare Neinsager". Zu dieser Zeit began-

2 Ungarn, Polen und die Tschechische Republik traten der NATO 1999 bei, die Slowakei erst 2004. Alle vier Länder traten 2004 der EU bei.

nen die Staats- und Regierungschefs der V4 auch, die Rhetorik des „wir gegen sie" zu verwenden, wobei mit „sie" die anderen EU-Mitgliedstaaten und europäischen Institutionen gemeint waren.

Das öffentliche Image der V4 in der übrigen EU wurde durch die wachsende Sorge über den Zustand der Rechtsstaatlichkeit in Polen und Ungarn weiter beschädigt. Die Freiheit der Justiz, der Medien und der Position von Nichtregierungsorganisationen erschienen bedroht. Die EU begann zu erkennen, dass sie wenig bis gar keine Instrumente hat, um gegen demokratische Rückschritte unter ihren Mitgliedsstaaten vorzugehen. Die Skandale um die Ministerpräsidenten Robert Fico in der Slowakei[3] und Andrej Babiš in der Tschechischen Republik[4] und deren Regierungen haben die Position der V4 als „europäische Unruhestifter" nur noch gefestigt.

Interne Dynamik

Die Visegrád-Zusammenarbeit war von Anfang an nicht institutionalisiert. Sie stützte sich in hohem Maße auf persönliche Beziehungen zwischen Schlüsselfiguren und Personen auf Arbeitsebene. Die einzige formale Struktur der V4 ist der Internationale Visegrád-Fonds (gegründet im Jahr 2000), eine internationale Geberorganisation, die die Zusammenarbeit in der Visegrád-Region sowie zwischen der V4-Region und anderen Ländern fördert. Als solcher unterstützt er verschiedene kulturelle Veranstaltungen, Forschungsprojekte und die Zusammenarbeit von Nichtregierungsorganisationen.

Die fehlende Institutionalisierung führte dazu, dass die Zusammenarbeit nach außen hin nur dann sichtbar war, wenn es eine Vereinbarung gab und diese Vereinbarung auf einem Treffen zwischen Ministern oder Staats- und Regierungschefs erzielt wurde. Aus tschechischer Sicht war die V4 daher während der Regierung von Babiš am sichtbarsten, der bei verschiedenen Gelegenheiten auf die V4 verwies und keine Gelegenheit ausließ, um sie zu fördern.

Intern waren die V4-Länder nie wirklich eine homogene Gruppe. Sie sind sich einig in der Unterstützung der EU-Erweiterung (vor allem um

3 Insbesondere nach der Ermordung des slowakischen Journalisten Ján Kuciak und seiner Verlobten Martina Kušnírová 2018 und der anschließenden Aufdeckung von Verbindungen zwischen Politikern und der kriminellen Szene.

4 Als ehemaliger Unternehmer befand er sich in einem Interessenkonflikt und wurde in einem Fall von EU-Subventionsbetrug angeklagt.

die westlichen Balkanländer), einer ehrgeizigen Kohäsionspolitik und in der Ablehnung obligatorischer Umsiedlungsquoten. Aber die Zahl der Themen, bei denen sich ihre Positionen unterscheiden, reicht von der Haltung zum Euro, der Klima- und Energiepolitik oder den Ansätzen für den Binnenmarkt bis hin zu dem jüngst sichtbarsten und wichtigsten Thema, den Beziehungen zu Russland.

Die Differenzen zwischen den vier Visegrád-Staaten und die sich verändernde interne Dynamik führten dazu, dass Beobachter die V4 in V2+2 umbenannten. Gemeint ist damit Polen und Ungarn auf der einen, Tschechien und die Slowakei auf der anderen Seite. Oder es ist manchmal sogar von V3+1 die Rede, um die Slowakei als das EU-freundlichste Land herauszustellen. Es gab auch Zeiten, in denen die V4 vor allem als Problem erschien; insbesondere 2018, als die Regierung von Babiš in der Tschechischen Republik an die Macht kam und die Slowakei durch die Ermordung des Journalisten Ján Kuciak und seiner Verlobten Martina Kušnírová sich im Schockzustand befand.

Wachsende Divergenz zwischen Polen und Ungarn

In der zweiten Hälfte des Jahres 2021 hat sich die Dynamik erneut verändert. Die wachsende Divergenz zwischen Polen und Ungarn – die weiterhin die Grenzen dessen, was der Rest der EU als liberale Demokratie betrachtet, ausreizen – sowie der Slowakei und der Tschechischen Republik macht das V2+2-Narrativ wieder aktueller. Letztere haben sich durch jüngste Regierungswechsel wieder dem EU-Mainstream angenähert. Der slowakische Premierminister Eduard Heger gilt als weniger populistisch als sein Vorgänger im Amt, und der tschechische Premierminister Petr Fiala, der die Parlamentswahlen im Oktober 2021 gewonnen hat, führt eine Koalitionsregierung, die sich von Babiš' Narrativ abgrenzen will.

In der Praxis lässt sich die Spaltung am Abstimmungsverhalten im Rat der EU ablesen. Eine aktuelle Studie des EUROPEUM-Instituts für Europapolitik und seiner Partner zeigt, dass Deutschland für die tschechischen Interessenvertreter nach wie vor der wichtigste Partner ist. Im Rat haben die Tschechen die meisten Gemeinsamkeiten mit der Slowakei, Frankreich und Finnland. Ungarn steht dagegen am anderen Ende des Spektrums. Bei den meisten Themen verlassen sich die Tschechen auf eine Gruppe gleichgesinnter Länder, wenn es um die Politikgestaltung geht, und konzentrieren sich nicht in erster Linie auf die V4. Polen liegt in Bezug auf den Konsens an 20. Stelle und Ungarn an 21. Stelle der 27 EU-Mitgliedstaaten. Einer der Autoren der Studie, Vít Havelka vom EUROPEUM, schließt daraus, dass die Rolle der V4 in der EU alles andere als entscheidend sei.

Abgleiten in die Bedeutungslosigkeit

Die Bedeutung der Gruppe variiert von Mitglied zu Mitglied. Eine Untersuchung der „Association for International Affairs" (AMO) in allen V4-Ländern zeigt, dass die ungarischen Interessenvertreter der V4 stets mehr Bedeutung beimessen als ihre Kollegen in Polen, der Slowakei oder Tschechien. Die Studie zeigt auch, dass die Gruppe in letzter Zeit Schwierigkeiten hatte, gemeinsame Themen zu finden, die auf der EU-Agenda stehen.[5]

Die tschechische Außenpolitik sieht sich in einer Tradition, die sie als „pragmatisch" bezeichnet. Deshalb ist ihr Verhältnis zur V4 sehr symbolisch. Tschechische Politiker neigen dazu, die Gruppe zu nutzen, wenn sie zweckdienlich ist, und sie zu ignorieren, wenn es nichts zu besprechen gibt. Als Diskussionsplattform wird V4 zwar geschätzt, aber selten mit Inhalt gefüllt. Dies lässt sich an den Programmen der tschechischen V4-Präsidentschaften erkennen. Bei den meisten Themen, die im Rat erörtert werden, zählt die Tschechische Republik zu verschiedenen Gruppen Gleichgesinnter, die für den jeweiligen Bereich spezifisch sind. Manchmal gehören auch andere V4-Mitgliedstaaten dazu, manchmal nicht.[6]

Die Hinwendung zu den V4 war seit 2015 eng mit der zunehmenden Kritik von (und an!) den EU-Institutionen verbunden. Ähnlich wie andere V4-Länder hat die Regierung in Prag versucht, die Visegrád-Partner zu nutzen, um sich vor angeblichen Angriffen aus der EU zu schützen. Und eine solche Argumentation ist bei Politikern wie Babiš beliebt. Obwohl die Tschechen von der EU-Mitgliedschaft stark profitiert haben, zeigen Umfragen des Eurobarometers, dass sie die Nation der Euroskeptiker sind.

Wer sich von den illiberalen Demokratien in Polen und Ungarn distanzieren will, betont gerne, dass die Tschechische Republik ihre Verbündeten außerhalb der Visegrád-Gruppe suchen oder sogar austreten sollte.

5 P. Janebova und Z. Végh, „Trends of Visegrád European Policy 2021", *Association for International Affairs (AMO)*, 2021, zugänglich unter https://trendy.amo.cz/assets/2021/paper_2021_en.pdf

6 Frankreich zum Beispiel ist ein Verbündeter in Sachen Atomenergie, steht aber in der Frage des Binnenmarktes auf der anderen Seite.

V4-Ministertreffen im Oktober 2021 mit dem ägyptischen Außenminister Samih Schukri (2. rechts) in Budapest; v.l.n.r.: Martin Klus (Staatssekretär im Außenministerium, Slowakei), – Mariusz Błaszczak (Verteidigungsminister, Polen), Péter Szijjártó (Außenminister, Ungarn), Jakub Kulhánek (Außenminister Tschechische Republik. (picture alliance / AP / Laos Soos)

Argumentiert wird damit, dass die V4-Staaten innerhalb der EU zu einer toxischen Marke geworden sei. Es fehle der Gruppe an positiven Zielen und sie schade dem Image Tschechiens im Ausland.

Mangel an gemeinsamen Themen

Die Forderung nach einem Austritt oder einer Auflösung der V4 bedeutet jedoch, dass wir der V4 eine Rolle geben würden, die sie nie wirklich innehatte. Darüber hinaus gibt es derzeit keinen offiziellen Regierungsvertreter, der sich aktiv für einen formellen Austritt aus der V4 einsetzen würde. Da das Hauptmerkmal der Gruppe immer die Flexibilität und das Fehlen formaler Strukturen war, wird der derzeitige Mangel an gemeinsamen Themen wahrscheinlich dazu führen, dass nur noch selten oder vielleicht gar keine Treffen auf höchster Ebene mehr geben wird.

Während der ersten tschechischen EU-Ratspräsidentschaft wurden die Koordinationstreffen der V4-Staats- und Regierungschefs eingeführt.

Tschechien hat am 1. Juli 2022 die EU-Ratspräsidentschaft übernommen. Der tschechische Ministerpräsident Petr Fiala auf einer Pressekonferenz in Prag (picture alliance / CTK / Vit Simanek)

Im April 2022 deuteten Beamte des tschechischen Außenministeriums bereits an, dass während der zweiten tschechischen EU-Ratspräsidentschaft ab 1. Juli diese Gewohnheit unter dem Vorwand des Zeitmangels aufgegeben werden soll. Es ist nicht zu erwarten, dass die Koordinierungstreffen nach dem Ende des tschechischen Ratsvorsitzes wieder aufgenommen werden.

Stattdessen dürfte die V4 ein pragmatisches Instrument der grenzüberschreitenden Zusammenarbeit zwischen zumeist nichtstaatlichen Akteuren bleiben, das durch den internationalen Visegrád-Fonds unterstützt wird. Bislang deutet nichts darauf hin, dass politische Meinungsverschiedenheiten zwischen den Staaten die Finanzierung durch die vier Regierungen gefährden könnten.

Es ist daher wahrscheinlich, dass wir weniger Bilder von triumphierenden Staatsoberhäuptern in passenden Fußballtrikots sehen werden, sondern stattdessen unabhängige Denkfabriken in den vier Ländern, die ihre Zusammenarbeit in der Forschung fortsetzen werden. Auch die Rettungsteams in den Bergen der Karpaten werden weiterhin auf grenzüberschreitende Unterstützung angewiesen sein.

Noel Treanor

Übergang und Neuorientierung: Europa und die Kirchen

Noel Treanor, geboren 1950, ist der römisch-katholische Bischof von Down and Connor in Nordirland mit Sitz in Belfast.

Angesichts der sich überlappenden Krisen und ins Wanken geratenen Wertorientierungen in Europa fühlen sich auch die Kirchen aufgefordert, neu zu denken und bei der Suche nach Antworten auf die Herausforderungen mitzuwirken. Das gilt auch für den Dialog zwischen den Konfessionen.

Verlorener Frieden in Europa

Im Frühjahr 2022 ist der Traum geplatzt, den Krieg vom europäischen Kontinent zu verbannen. Viele, die sich nicht mehr aus eigener Erfahrung an die beiden Kriege des 20. Jahrhunderts erinnern und die Tragödie der Balkankriege in den 1990er Jahren vergessen haben, hatten gehofft, dass der Frieden in Europa gewonnen hätte und für die Zukunft gesichert sei. Das war eine Illusion. Die Völker Europas sind nun entsetzt, dass sich das „Vergießen christlichen Blutes" auf unserem Kontinent wiederholt, wie es einst Papst Benedikt XV. 1914 gesagt hatte.

Der Krieg in der Ukraine ist ein dringender Aufruf, die grundlegenden Bestrebungen, Werte und Verpflichtungen des europäischen Prozesses nach dem Zweiten Weltkrieg zu überdenken und für den globalen Kontext von heute neu zu formulieren. Für die Europäer wird dieses Gefühl eines kritischen Moments bei der Gestaltung Europas noch durch die Covid-19-Pandemie verstärkt, die bei vielen Bürgern und in den Gesellschaften eine tiefe Verunsicherung ausgelöst hat.

Darüber hinaus sind diese Krisen in einer Zeit entstanden, in der Europa mit massiven Herausforderungen des Übergangs konfrontiert ist: Die „vierte industrielle Revolution", der Klimawandel und die Planung und Umsetzung einer gerechten und ausgewogenen Übergangspolitik im Rahmen des „Green Deal". Gleichzeitig müssen in allen EU-Mitgliedstaaten neue Sicherheitsbedürfnisse und Fragen der Rechtstaatlichkeit bewältigt werden.

Eine Zukunftskonferenz als Antwort

Die Europäische Union hat deshalb die „Konferenz über die Zukunft Europas" ins Leben gerufen. Diese Initiative zielt darauf ab, das Engagement der Bürgerinnen und Bürger für die EU zu fördern und ihre Legitimität zu stärken. So können das Bewusstsein und das Verständnis der Bürger für die Ziele der europäischen Politik gefördert werden, ebenso die partizipativen Möglichkeiten des demokratischen Engagements in unserem digitalen Zeitalter. Mit dem Blick auf die drängenden Fragen der Zukunftsperspektive Europas hat die Kommission der Bischofskonferenzen der Europäischen Union (COMECE) 2017 anlässlich des 60. Jahrestags der Römischen Verträge mit Unterstützung von Renovabis eine Konferenz mit dem Titel „Europa (neu) denken – ein christlicher Beitrag zur Zukunft des europäischen Projekts" organisiert. Diese Tagung fand nach dem Schock des Brexit statt, nachdem mit dem Vereinigten Königreich zum ersten Mal ein Mitgliedstaat aus der EU ausgetreten war. Die Konferenz, die von ihrem Charakter und ihren Methoden her dialogisch angelegt war, machte die Notwendigkeit deutlich, die Bedeutung und den Zweck des europäischen Projekts im digitalen Zeitalter neu zu überdenken – und fast prophetisch auch in Bezug auf die EU-Beziehung mit Gesamteuropa sowie die Beziehungen zwischen Ost und West.

Heraklit von Ephesus hat einst bemerkt, dass „alles fließt", und die europäische Politik ist in der Tat im Fluss. Die Präsidentin der EU-Kommission Ursula von der Leyen hat das erkannt und ihre Rede zur Lage der Union vor dem Europäischen Parlament am 15. September 2021 „*Die Seele Europas stärken*" betitelt. Nachdem sie eine Reihe von politischen Themen skizziert hatte, um Europas Streben nach den in den Verträgen verankerten Werten und deren Verwirklichung zu veranschaulichen, zitierte sie den ehemaligen Präsidenten des Europäischen Parlamentes Robert Schuman: „Europa braucht eine Seele, ein Ideal und den politischen Willen, diesem Ideal zu dienen".

„Europa braucht eine Seele, ein Ideal und den politischen Willen, diesem Ideal zu dienen".

Sie bekräftigte, dass Gesellschaften, die auf Demokratie und Werten beruhen, ein stabiles Fundament haben. Über die in den europäischen Verträgen verankerten Werte sagte sie: „Es sind diese Werte, die dem kulturellen, religiösen und humanistischen Erbe Europas entstammen [...] [und die] Teil unserer Seele, Teil dessen [sind], was uns heute ausmacht". Von der Leyen sprach weiter über die Entschlossenheit der EU, ihre Werte um jeden Preis zu verteidigen. Sie erinnerte daran, dass diese grundlegenden Werte durch die Entscheidungen des Europäischen Gerichtshofs garantiert werden, und betonte gleichzeitig, dass die Rechtsstaatlichkeit hart und ständig erkämpft werden müsse.

Kann der Kampf um die Verwirklichung der Werte, auf die sich Europa gründet (kristallisiert in Artikel 2 EUV), allein durch die Arbeit der politischen Institutionen gewonnen werden? Vielleicht kommt dem Leser hier die These des Rechtsphilosophen Ernst-Wolfgang Böckenförde in den Sinn, dass der säkulare Staat von Voraussetzungen abhängig ist, die er nicht garantieren kann. Ähnlich äußerte sich der frühere Erzbischof von Canterbury Rowan Williams in einer Ansprache: „Wenn der liberale Staat nicht in einem ständigen Dialog mit der Religionsgemeinschaft steht, verliert er seinen wesentlichen Liberalismus. Er wird einfach dogmatisch säkular, indem er darauf besteht, dass der religiöse Glaube öffentlich unsichtbar ist; oder er wird chaotisch pluralistisch, mit keiner angemessenen Begründung seiner Legitimität außer einer positivistischen (der Staat ist die Behörde, die zufällig das Gewaltmonopol innehat)."

Europa auf soliden Grundlagen

Diese Aussagen erinnern an die Worte des heiligen Papstes Johannes Paul II. im Apostolischen Schreiben „Ecclesia in Europa": „Europa braucht eine religiöse Dimension. Um ‚neu' zu sein, muss es sich analog zu dem, was für die ‚neue Stadt' in der Geheimen Offenbarung gesagt wird (vgl. 21, 2), vom Handeln Gottes erreichen lassen. Die Hoffnung, eine gerechtere und menschenwürdigere Welt zu bauen, kann nämlich nicht von der Erkenntnis absehen, daß die menschlichen Anstrengungen vergebens wären, wenn sie nicht von der göttlichen Hilfe begleitet würden [...] . Damit Europa auf soliden Grundlagen erbaut werden kann, ist es notwendig, sich auf die echten Werte zu stützen, die ihr Fundament in dem allgemeinen Sittengesetz haben, das in das Herz jedes Menschen eingeschrieben ist. Die Christen können sich nicht nur mit allen Menschen guten Willens zusammenschließen, um für die Errichtung dieses großen Bauwerkes zu arbeiten, sondern sie sind eingeladen, gewissermaßen dessen Seele zu sein, indem sie auf die wahre Bedeutung der Organisation der irdischen Stadt hinweisen."

Das europäische Projekt wurde in der Tat als Novum, als politischer Neuanfang konzipiert und gestaltet. Die Schuman-Erklärung vom 9. Mai 1950 ist zugleich bescheiden zaghaft und ehrgeizig im Ton. Die institutionelle Architektur der Europäischen Gemeinschaften (der heutigen EU), die von den Staats- und Regierungschefs, Politikern, Diplomaten und Beamten der sechs Gründerstaaten geduldig ausgearbeitet wurde, legte den Grundstein für die „Gemeinschaftsmethode", die sich in den folgenden Jahrzehnten im Zuge des Erweiterungsprozesses und der politischen Vertiefung entwickelt hat. Als innovativer Schritt in der politischen Geschichte, der von den Gründerstaaten einvernehmlich und frei beschlossen wurde, sollte er das Gemeinwohl der Mitgliedstaaten und ihrer Völker fördern. Er markiert einen neuen und mutigen Schritt in der europäischen Geschichte und in der politischen Praxis.

Die Wertschätzung und das Bewusstsein der Bürger für dieses qualitative Novum, wie es in den europäischen Institutionen und Organisationen erreicht wurde, sind in den Nachkriegsgenerationen unterentwickelt.

Die Wertschätzung und das Bewusstsein der Bürger für dieses qualitative Novum, wie es in den europäischen Institutionen und Organisationen erreicht wurde, sind in den Nachkriegsgenerationen unterentwickelt. In dieser Hinsicht weisen das heutige Europa und viele seiner Bürger das auf, was Papst Franziskus als „eine Art Erinnerungsdefizit" bezeichnet.

Gestützt auf die Soziallehre der Kirche mit ihrer Betonung der Würde der menschlichen Person, des Gemeinwohls, des Friedens als öffentliches Gut, der Prinzipien der Solidarität und der Subsidiarität können die Kirche und ihre zahlreichen Einrichtungen in Europa eine unersetzliche Rolle bei der Förderung der Wertschätzung und des Bewusstseins der Bürger für die edlen und bedeutenden Errungenschaften der europäischen Prozesse seit ihren Anfängen spielen, und sie tun das bereits jetzt.

Europäisches Bewusstsein aufbauen

Eine kritische Begleitung der europäischen Politik ist dadurch nicht ausgeschlossen. Im Gegenteil, es ist die Berufung und Aufgabe der Kirche und der vom Glauben inspirierten Organisationen, die europäischen Institutionen und Organisationen aufzufordern, die in den Gründungsverträgen und im konsolidierten Vertrag verankerten Werte *ad intra* und *ad extra* in ihrer Politik zu verfolgen und zu verwirklichen und so ihre Bemühungen kritisch-konstruktiv zu unterstützen.

Unter den zahlreichen kirchennahen und vom Glauben inspirierten Gruppen, die in der Lage sind, ein europäisches staatsbürgerliches Bewusstsein aufzubauen und zu schärfen und damit eine öffentliche politische Meinung zu entwickeln, sind die nationalen Kommissionen von Justitia et Pax zu nennen, von denen es in ganz Europa etwa dreißig gibt. Zwar befasst sich jede Kommission notwendigerweise mit Fragen, die für Gerechtigkeit und Frieden in ihrem nationalen Kontext von Bedeutung sind, doch sind Fragen von gemeinsamem europäischem und sogar globalem Interesse (z. B. Umweltfragen und Bewahrung der Schöpfung) fester Bestandteil ihrer Arbeitsagenda. Ihren Aktivitäten verleihen sie zudem durch Justitia et Pax Europa, dem europäischen Netzwerk der nationalen Kommissionen, eine europäische Dimension. Es ist bemerkenswert, dass Justitia et Pax Europa bereits im Herbst 2021 beschlossen hat, seine jährliche konzertierte Aktion einem von Papst Franziskus hervorgehobenen Thema zu widmen, nämlich der Förderung einer Kultur des Friedens.

Zum Zeitpunkt der Veröffentlichung des Textes hatte das Thema durch den russischen Angriff auf die Ukraine eine Dringlichkeit und Dimension erlangt, die die Autoren nicht vorhersehen konnten. Nichtsdestotrotz sind die darin enthaltenen Vorschläge nach wie vor relevant, da sich die Völker Europas mit den Auswirkungen dieses Krieges auf Fragen wie eine gemeinsame europäische Verteidigungs- und Sicherheitspolitik oder eine EU-Strategie gegen die Nichtverbreitung von Massenvernichtungswaffen auseinandersetzen. Bemerkenswert unter den Vorschlägen ist die Anregung eines gesamteuropäischen Friedensnetzes, das die EU, das Vereinigte Königreich, die Schweiz und alle anderen europäischen Nicht-EU-Staaten einbeziehen könnte.

Bemerkenswert ist die Anregung eines gesamteuropäischen Friedensnetzes, das die EU, das Vereinigte Königreich, die Schweiz und alle anderen europäischen Nicht-EU-Staaten einbeziehen könnte.

Förderung einer aktiven europäischen Bürgerschaft

Unabhängig von den Herausforderungen bei der Verwirklichung dieses Vorschlags sollte seine Notwendigkeit für den Frieden in Europa in dem sich abzeichnenden geostrategischen und globalen Kontext offensichtlich sein. Die Veröffentlichung und Verbreitung der konzertierten Aktion, die jedes Jahr am Aschermittwoch von Justitia et Pax Europa herausgegeben wird, soll einen Beitrag zur Gestaltung und zum Aufbau eines gemeinsamen europäischen Verständnisses von sozialethischen Fragen leisten. Sie

Papst Franziskus empfing Kardinal Jean-Claude Hollerich, den Präsidenten der Kommission der Bischofskonferenzen der Europäischen Gemeinschaft (COMECE), im Juni 2021 im Vatikan. (picture alliance / IPA / Abaca)

sind für die Förderung von Frieden, Gerechtigkeit und Gemeinwohl in Europa von entscheidender Bedeutung. Solche Initiativen sind für die auf Informationen gegründete Meinungsbildung in Europa und für die Entwicklung eines aktiven europäischen Bürgersinns unerlässlich. Ihre Fähigkeit, eine aktive europäische Bürgerschaft zu fördern, die durch die Soziallehre der Kirche bereichert wird, hat durch Technologie und Digitalisierung ein neues Potenzial erhalten.

In gewisser Weise vergleichbar ist die jüngste Initiative, die auf Betreiben des Präsidenten der COMECE Kardinal Jean-Claude Hollerich ergriffen wurde, um Vertreter der katholischen Jugend und ihrer Organisationen in die Arbeit der COMECE selbst und auch in die Konferenz über die Zukunft Europas einzubinden, um einen Raum für die kreative Beteiligung der europäischen Jugend an der Gestaltung des Europas von morgen zu eröffnen. Ihre Treffen, die aufgrund der Pandemie nur virtuell stattfanden, konzentrierten sich auf so zentrale Politikbereiche wie Zusammenhalt und einen gerechten sozialen Aufschwung nach der Pandemie, den ökologischen und digitalen Wandel sowie Demokratie und europäische Werte.

Die Förderung einer solchen Beteiligung von Vertretern der katholischen Jugend an der Gestaltung der europäischen Politik bietet „Zündpunkte" für die Entdeckung der Relevanz der christlichen Anthropologie und des christlichen Denkens für den Dienst am europäischen Gemeinwesen und die Entwicklung der Union selbst und ihrer Mitgliedstaaten. Auf diese Weise hat die Kirche, in diesem Fall durch die COMECE, so etwas wie ein Laboratorium für europäische Angelegenheiten für zukünftige Führungskräfte in den Mitgliedstaaten geschaffen.

Ein weiteres ökumenisches Beispiel für das Engagement der Kirchen als Brückenbauer in europäischen Fragen ist die Arbeit des Irischen Kirchenrats nach dem Brexit. Hier in Nordirland luden Vertreter der Methodisten, Presbyterianer, Anglikaner (Kirche von Irland) und der katholischen Kirche Politiker, Vertreter der Wirtschaft, der Wissenschaft und der Zivilgesellschaft zu Gesprächen ein, um die Auswirkungen des Brexits auf das Wirtschaftsleben Nordirlands und auf den laufenden Friedensprozess zu erörtern. Diese Gespräche bildeten den notwendigen Hintergrund für eine fundierte ökumenische Auseinandersetzung der Kirchen mit Vertretern der britischen Regierung, mit EU-Kommissar Maroš Šefčovič und EU-Beamten über das Nordirland-Protokoll, das immer noch Gegenstand intensiver Verhandlungen zwischen dem Vereinigten Königreich und der EU ist.

Vertrag von Lissabon als Meilenstein

Die europäischen Institutionen und Organisationen täten gut daran, das Potenzial solcher kirchlicher und glaubensbasierter Basisinitiativen für die Zukunft Europas stärker zu nutzen. Schließlich wurde mit dem Vertrag von Lissabon ein Meilenstein in den Beziehungen zwischen der EU und den Kirchen, Glaubensgemeinschaften sowie weltanschaulichen und nichtkonfessionellen Organisationen erreicht. So verpflichtet Artikel 17 AEUV die EU nicht nur zur Anerkennung und Achtung des Status der Kirchen nach nationalem Recht, sondern auch zu einem offenen, transparenten und regelmäßigen Dialog mit den Kirchen.

Ihre Umsetzung durch die Europäische Kommission und das Europäische Parlament zusammen mit den Kirchen und ihren repräsentativen Organisationen – in erster Linie der Konferenz Europäischer Kirchen (KEK) und der COMECE – war unterschiedlich. Wie immer brauchen Erfahrung, Versuch und Irrtum, vertrauensbildende Maßnahmen und die Entwicklung geeigneter Methoden für einen solchen Dialog Zeit und Urteilsvermögen. Auch kann die vielfäl-

Die Beziehungen zwischen Kirche und Staat haben eine lange Tradition in Europa, die nicht ignoriert werden darf.

tige Dynamik der Beziehungen zwischen Kirche und Staat mit ihren tiefen Wurzeln in der europäischen Geschichte nicht ignoriert werden, wenn in den kommenden Jahren eine Methodik für die Umsetzung dieses Artikels entwickelt wird.

In diesem Zusammenhang verdient die Ansprache des französischen Präsidenten Emmanuel Macron an die katholischen Bischöfe vom April 2018 Aufmerksamkeit. Er sagte: „Die Verbindung zwischen der Kirche und dem Staat hat sich verschlechtert und es liegt an uns, sie zu reparieren. Ein echter Dialog ist das einzige Mittel, um dieses Ziel zu erreichen. [...] Ich bin der Meinung, dass die Laizität keineswegs die Aufgabe hat, das Geistliche im Namen des Weltlichen zu verleugnen, und noch weniger, die heilige Dimension, die so viele unserer Mitbürger nährt, aus unseren Gesellschaften zu tilgen."

In Anspielung auf die Herausforderungen, vor denen Gesellschaft und Politik stehen, wies Macron auf die Bedeutung des Dialogs zwischen Kirche und Staat hin, und seine Rede wurde als ein Meilenstein betrachtet. Drei Jahre später, im September 2021, sprach er in seiner Rede vor der Plenarversammlung des Europäischen Parlaments in Straßburg von seinem Wunsch, die Europäische Grundrechtecharta zu aktualisieren, „insbesondere um den Umweltschutz und die Anerkennung des Rechts auf Abtreibung deutlicher zu machen". Die Einstufung des Schwangerschaftsabbruchs als Grundrecht, die in die Zuständigkeit der Mitgliedstaaten und nicht in die der EU fällt, wirft die Frage auf, wie eine Methodik für den Dialog über Themen von so grundlegender Bedeutung ausgearbeitet werden kann, deren Komplexität häufig durch emotionale Argumente verschleiert wird.

Der Dialog zwischen den Kirchen

Damit die Kirchen jetzt und in Zukunft aktive und konstruktive Dialogpartner der europäischen Institutionen sein können, muss der ökumenische Dialog zwischen den Kirchen selbst über gesellschaftliche und theologische Themen aufrechterhalten und sogar intensiviert werden. Der Krieg in der Ukraine macht dies zu einem noch dringlicheren Gebot. Gelegenheiten und Kontexte zur Förderung des Dialogs zwischen den Kirchen der Orthodoxie und mit ihnen durch die Kirchen der katholischen, anglikanischen und reformierten Tradition sind unerlässlich für die Arbeit der Versöhnung, die eines Tages zwischen den christlichen Völkern auf die Tragödie des Krieges in der Ukraine folgen muss.

In den vergangenen Jahren hat die Europäische Volkspartei im Europäischen Parlament einen jährlichen Dialog mit den orthodoxen Kirchen vor Ort geführt. Für das (nun) entstehende Europa, das sich nach dem Ausbruch des Krieges in der Ukraine unter den christlichen und vor allem orthodoxen Völkern neu konstituieren wird, werden Versöhnung und Friedenskonsolidierung ähnliche Initiativen erforderlich machen. Man kann nur hoffen, dass die EU, die sich ihrer eigenen Ursprünge und der Weltanschauungen ihrer Gründerfiguren bewusst ist, die Bedeutung des Spirituellen bei der Beseitigung der Übel der Vergangenheit anerkennen wird.

Neue Fragestellungen

Zweifellos wird der russische Krieg gegen die Ukraine viele der entscheidenden Fragen, mit denen Europa derzeit konfrontiert ist, neu dimensionieren. Politische Fragen wie eine EU-Verteidigungspolitik und eine künftige Sicherheitsarchitektur für Europa, die weitere Osterweiterung, die Energiepolitik, die Klimapolitik und ein gerechter Wandel, die Migrations- und Asylpolitik, die künftigen Beziehungen zu Russland: Diese und verwandte Strategien werden das politische, wirtschaftliche, kulturelle und geistige Wohlergehen der Völker Europas bestimmen.

Ihre Lösung zugunsten des europäischen Gemeinwohls wird durch das Streben nach den in den Verträgen verankerten Werten vorangetrieben, die zu einem großen Teil von den geistlichen und ethischen Impulsen getragen werden, die in den vom Evangelium Jesu Christi inspirierten Führungskräften und Bürgern entstehen. Es ist zu hoffen, dass die Kirchen mit Initiativen an der Basis, die im Rahmen des kirchlichen Lebens gefördert werden und sich auf die europäische Dimension des lokalen, regionalen und nationalen politischen Lebens konzentrieren, zu ihrer Lösung beitragen werden.

Während sie solche Initiativen fördern, sollten dieselben Kirchen, die auf der europäischen institutionellen Ebene präsent sind und sich auf die Fähigkeiten und Kompetenzen ihrer Gläubigen in den Mitgliedstaaten stützen, ihre Fähigkeit entwickeln, über die in Artikel 17 AEUV vorgesehenen Mechanismen einen qualifizierten und spezialisierten Beitrag zur Gestaltung der europäischen Politik zu leisten. Auf diese Weise können Christen eine aktive und informierte, europäische christliche Bürgerschaft fördern und unterstützen, die die Legitimität der europäischen Institutionen und Organisationen stärken kann. Sie wurden gegründet, um den Frieden in Europa zu sichern und dem Gemeinwohl der Bürger zu dienen.

Aus dem Englischen übersetzt von Thomas Hartl

Andrej Ćilerdžić

Zeugen des traditionellen Wertesystems

Bischof Andrej (Ćilerdžić), geboren 1961, ist Bischof der Serbischen Orthodoxen Diözese von Österreich-Schweiz, Italien und Malta mit Sitz in Wien. Er wuchs in Deutschland auf, studierte Theologie in Belgrad und legte im Decani Kloster in Kosovo 1987 sein Mönchsgelübde ab.

Im Blick auf den Osten und das östliche Christentum herrschte im westlichen Teil Europas häufig eine eingeschränkte Wahrnehmung vor. Heute ist die Orthodoxie jedoch ohne Zweifel ein Partner im Miteinander der europäischen Konfessionen, wenn auch mit einer vorsichtigen Haltung gegenüber der europäischen Entwicklung.

Europa der Vielfalt

Schon in der mythischen Zeit, als Europa auf dem Rücken des Stiers von Tyros auf Kreta ankam, war es ein Kennzeichen für ganz Verschiedenes. Europa blieb ein Begriff, dessen Definition sich signifikant veränderte. Die Orthodoxen Kirchen begegnen Europa und durchdringen sich mit ihm in verschiedenen Kontexten, die viele Wege zum Dialog öffnen.

Europa selbst ist ein mehrdeutiges Phänomen, eine mehrschichtige Erscheinung, die wohl mit dem geografischen Begriff des Kontinents nie übereinstimmte. Man erinnere sich nur an die antike Welt und ihr Verständnis des Mittelmeerraums, der im Unterschied zum damals als barbarisch gekennzeichneten Norden des Kontinents mit der Zivilisation identifiziert wurde. Die antike Welt wurde dann von der Teilung zwischen Ost und West, dem byzantinischen und dem fränkischen Reich beerbt. Von dieser Teilung blieb der nordöstliche Teil des Kontinents weitgehend ausgeschlossen.

In der Zeit der islamischen Kalifen wurde Europa mit dem Christentum identifiziert. Diese Teilung galt auch in der Zeit des letzten Aufstrebens des Osmanischen Imperiums. Dem Osmanischen Reich standen christliche europäische Länder gegenüber, sowohl separat als auch in

Bündnissen. Und es kam die Zeit der Entwicklung kolonialer Metropolen im Westen Europas, die den Kontinent in den Mittelpunkt eines neuen, globalen Dynamismus brachten gegenüber dem europäischen Osten, der dann als passiv erlebt wurde und immer mehr zurückblieb. Ein großer Teil der Dynamik in der europäischen Geschichte entstand auf der Grundlage der postfränkischen Welt. Auf ihr wuchsen die zeitgenössischen europäischen Völker und Staaten. Die erwähnten Kolonialmächte haben Europa (mit dem sie sich gleichgesetzt haben) in den Mittelpunkt der Weltgeschichte gebracht, die sich noch immer nicht vom Eurozentrismus befreit hat.

All diese Unterteilungen hatten keine klar definierten Grenzen, erst recht nicht gegenüber der restlichen Welt. Undefinierte Grenzen machten Platz für unklare Bereiche der Umwelt – für Mitteleuropa, die deutsche und slawische Welt. Diese Welt nimmt ihren Platz auf der europäischen Karte in voller Bedeutung vielleicht erst mit der Reformation ein, während sie früher Statistin auf der Bühne der europäischen Geschichte war, verschiedenen Einflüssen ausgesetzt. Vor allem das Heilige Römische Reich deutscher Nation ist mit der ungewöhnlichen Vielschichtigkeit seines politischen Lebens wohl eher Ideal als Wirklichkeit geblieben, denn es hat die deutschen Länder mehr zu Beobachtern als Akteuren der Renaissance und der neueren Entwicklung gemacht. Das änderte sich markant nach dem Westfälischen Frieden. Der Osten Europas wurde nun endlich im Westen wahrgenommen, womit der Wunsch in Erfüllung ging, nach dem Verschwinden des Byzantinischen Reiches ein Teil der europäischen Welt zu werden – ein Wunsch, den die Person und die Taten des russischen Zaren Peter des Großen erstmals deutlich gemacht hatten.

All dies hat dazu geführt, dass Europa, vor allem sein nördlicher und westlicher Teil, als Raum geordneter und wohlhabender Länder erlebt wird. Sein Wohlstand wird nicht nur von den Bewohnern des Südens und Ostens des europäischen Kontinents angestrebt, sondern auch von vielen anderen aus dem weiten, asiatischen und afrikanischen Raum.

Antagonismus der Supermächte

Das neuzeitliche Narrativ versteht unter Europa eine politische und wirtschaftliche Struktur, die nach dem Zweiten Weltkrieg entstanden ist und ihre Dynamik im Antagonismus der Supermächte fand.

Das Bild von Europa im öffentlichen Raum wird am häufigsten mit der Europäischen Union, teilweise mit der NATO gleichgesetzt. Diese

Vorstellung wurde aber durch den Brexit ernsthaft gestört. Ebenfalls ist durch die Geschichte augenscheinlich, dass es eine Tendenz dazu gibt, Europas Grenzen vor allem gegenüber dem Osten aufzurichten. Aus politischen, wirtschaftlichen und abgesicherten Grenzen, die durch Interessen motiviert sind, werden oft Werturteile. Auch wenn es praktisch keine wiedererkennbaren kulturellen Grenzen gegenüber dem Osten gibt, hat man aber die politische Grenze immer deutlich gespürt. Die beharrliche Weigerung, den größten Teil der slawischen (und vor allem orthodoxen) Welt als europäisch anzunehmen, macht die europäischen Institutionen zu Usurpatoren der Idee von Europa – die Idee, der geografische Raum des Kontinents werde sich zum kulturellen Raum aller europäischen Völker formen, nicht zu einer ideologischen Matrix.

Es gibt eine Tendenz dazu, Europas Grenzen vor allem gegenüber dem Osten aufzurichten.

Es gibt ergiebige Literatur über die historischen Bedingungen der Entstehung nationaler orthodoxer Kirchen. Hier genügt es zu erwähnen, dass die lokalen orthodoxen Kirchen durch die politische Emanzipation der Völker im Mittelalter entstanden sind. Wie auch immer das Werturteil über diesen Prozess sein mag, die lokalen Kirchen repräsentieren heute den evangelischen Imperativ: „Darum geht zu allen Völkern und macht alle Menschen zu meinen Jüngern; tauft sie auf den Namen des Vaters und des Sohnes und des Heiligen Geistes […]". (Mt 28,19). Auch die lokalen Kirchen, die den Umständen entsprechend multinational sind, sind mit einem klaren System der Autonomie eingerichtet. Somit hüten einzelne Völker ihre Besonderheit. Dieses nationale Vorzeichen der lokalen Kirchen gefährdet die Universalität der Orthodoxen Kirche im Ganzen keineswegs, die aus der apostolischen Sukzession kommt. Ebenso wenig gefährdet es die einzigartige Konfession und die Praxis der Gottesdienste noch die universelle Qualität jeder einzelnen Diözese.

Orthodoxie und Migration in Europa

In den Räumen des zeitgenössischen engen Begriffes von Europa erscheinen orthodoxe Kirchen hauptsächlich mit der Migration ihrer Gläubigen. Mit der Ausnahme der serbischen Migrationen nach Mitteleuropa, die ihren Höhepunkt Ende des 17. Jahrhunderts und im 18. Jahrhundert hatten, entstanden die orthodoxen Gemeinschaften im Westen größtenteils im 20. Jahrhundert. Zwischen den Weltkriegen und besonders unmittelbar nach dem Zweiten Weltkrieg kam die Welle der politischen Emigration.

Prozession der Serbisch-Orthodoxen Erzdiözese in Wien (Imago / Alex Halada)

Die gegenwärtige Migration hat vor allem wirtschaftlichen Gründe. Auch wenn die orthodoxe Diaspora große Migrantengemeinschaften repräsentiert, bleibt sie „unbemerkbar", obwohl sie gemessen an ihrer Größe in den europäischen Ländern oft den ersten oder zweiten Platz einnimmt. Die Orthodoxen gruppieren sich hauptsächlich nach ihrer nationalen Zugehörigkeit. Ihre Kulturen unterscheiden sich wenig von der Kultur des Gastlandes. Sie integrieren sich relativ gut in die lokalen Gemeinschaften und verspüren weder das Bedürfnis, mit ihrer Besonderheit aufzufallen, noch diese auszunutzen. In den Medien kommt die orthodoxe Migration kaum vor, anders als die islamische Migration. Dabei sind die Gemeinschaften in ihren Gastländern oft nahezu gleich groß.

Religiöse Bedürfnisse der Emigranten

Im Westen Europas sind die orthodoxen Pfarreien und Diözesen nicht durch Missionstätigkeiten an der lokalen Bevölkerung entstanden, sondern aus den religiösen Bedürfnissen der Emigranten. Orthodoxe Kirchen „folgten" ihren Gläubigen. Dies sieht man klar und deutlich auf der Karte. Die Pfarreien sind überwiegend auf wirtschaftliche und industrielle Zentren konzentriert, wo die Emigranten am leichtesten einen Arbeitsplatz gefunden haben. Durch die Migration sind die historischen oder kulturellen Vorlieben der Personen, die sich für diesen Schritt entschieden haben, augenscheinlich. Die serbische Diaspora zählt zu den größten in den deutschsprachigen Ländern, während es etwa Rumänen eher in Länder mit romanischen Sprachen zieht.

Gemeinschaften gläubiger Orthodoxer existieren praktisch in allen westeuropäischen Ländern. Daher öffneten die lokalen Kirchen dort, wo es eine ausreichende Anzahl von Gläubigen gab, eigene Räume für Gottesdienste und Pfarreien. Dies hat zur Entwicklung der Pfarreien und Diözesen unter nationalen Vorzeichen geführt. Diese „überlappen" sich in verschiedenen Ländern; im selben Raum gibt es Pfarreien verschiedener lokaler Kirchen. Diese Situation wurde in den lokalen Kirchen bemerkt, und durch Einsetzung von Bischofskonferenzen in den jeweiligen Regionen wurde die Tätigkeit der Kirchen koordiniert.

Wege des Handelns

Es gibt auf diese Frage keine einfache und eindeutige Antwort.

Es ist schwierig, im Namen anderer zu sprechen und insbesondere im Namen vieler, aber es lässt sich etwas über Richtlinien für das Verständnis der allgemeinen Beziehungen und Positionen orthodoxer Kirchen und ihrer Gläubigen gegenüber Europa sagen.

Die Vielschichtigkeit der historischen Umstände der einzelnen orthodoxen Kirchen und Völker und die Umstände der Migration geben ein Mosaik schwer zu fassender Vielfalt der Beziehung zwischen orthodoxen Kirchen und den europäischen Gastländern.

Die Vielschichtigkeit des Begriffes Europa, die politische Organisation der europäischen Staaten, die Vielschichtigkeit der historischen Umstände der einzelnen orthodoxen Kirchen und Völker und die Umstände der Migration geben ein Mosaik schwer zu fassender Vielfalt der Beziehung zwischen orthodoxen Kirchen und den europäischen Gastländern. Auf dem Niveau der Pfarrei besteht das andauernde Bedürfnis der Katechisierung der Gläubigen, oft aller Altersgruppen, weil sie hauptsächlich aus den Ländern des ehemaligen Ostblocks stammen, wo es keine religiöse Bildung gab.

Der zweite wichtige Weg des Handelns ist die Arbeit an der Bewahrung der nationalen Identität der Gläubigen und der Erhalt der nationalen Gemeinschaft, etwa durch Pflege der Sprache, Schrift, Unterstützung von Volkstanzgruppen, Einrichtung von Bibliotheken und an manchen Orten auch von Schulen. Die nationale und kulturelle Arbeit kann kein Zwang für die Kirche sein, aber es ist auch nicht etwas, gegenüber dem die Kirche gleichgültig sein kann. Christliche Moral und die traditionellen Werte sind für die Orthodoxe Kirche von größter Bedeutung. Auch wenn die Pfarreien gegenüber der jeweiligen Regierung relativ passiv sind, nehmen sie Hilfe und Unterstützung dankbar an. Dabei geht es um Geld, Arbeitsräume, administrative Hilfe usw. Die orthodoxen Pfarreien pflegen auch zu anderen christlichen Gemeinschaften und anderen Religionen guten Kontakt. All das bezeugt die Kultur der orthodoxen Völker, die die Gläubigen aus ihrem Herkunftsland mitgebracht haben. Proselytismus ist kein Merkmal der Orthodoxen, aber die, die zur orthodoxen Kirche konvertieren möchten, sind herzlich willkommen. Zumeist sind das Personen aus einer Mischehe, in der ein Ehepartner orthodoxer Herkunft ist.

Das Leben und die Arbeit lokaler Gemeinschaften werden in der Orthodoxen Kirchen von der Diözese koordiniert und geleitet. Wegen der demographischen Bedingungen der Diaspora werden meistens mehrere Länder von einer Diözese „abgedeckt", was sprachliche, kulturelle, wirtschaftliche, rechtliche Herausforderungen mit sich bringt. Da die Bischöfe ihre Kirche vor staatlichen Organen, anderen Glaubensgemeinschaften und in der Öffentlichkeit repräsentieren, werden sie auch mit vielen anderen Aufgaben konfrontiert. Ihre Rolle verlangt neben den bischöflichen Tätigkeiten diplomatischen Takt, aber auch Mut und die Fähigkeit, das zu sein, was schon der Heilige Ignatius von Antiochien Anfang des 2. Jahrhunderts gesagt hat: „Der Bischof ist die Ikone Jesu." Darüber hinaus verlangt diese Rolle auch die Liebe zur gesamten Menschheit, den Willen, mit allen zusammenzuarbeiten, intellektuelle Weite und viele andere Eigenschaften, die einen Bischof auszeichnen sollten.

Verhältnis zum Mutterland

In der Diaspora repräsentieren das Episkopat und der Klerus auch ihr Mutterland und ihr Volk im Ganzen, und sie sind sich dessen bewusst. Die Diözesen in der Diaspora sind integraler Teil ihrer eigenen lokalen Kirchen. Sie nehmen aktiv an deren Leben teil und verlassen sich auf sie. Schon allein die Tatsache, dass es Emigration aus manchen Ländern gibt, zeigt, dass die wirtschaftlichen Möglichkeiten dort nicht gut sind oder wenigstens, dass sie in den Einwanderungsländern besser sind. Deshalb sind die Diözesen in der Diaspora normalerweise nicht vom Mutterland materiell abhängig, wenn auch in allen anderen Beziehungen stark. Die Gläubigen bringen ihr kulturelles, historisches und sonstiges Erbe in die Diaspora mit. Es bildet die Grundlage ihrer gläubigen und nationalen Identität – oft sogar noch mehr als im Mutterland, weil die Gläubigen mit Unterschieden konfrontiert sind.

Für die Orthodoxen Kirchen und ihre Gläubigen ist Europa keine äußere Realität. Europa ist ein Teil der orthodoxen Identität.

All das illustriert die Vielschichtigkeit der Beziehungen zwischen dem Europa der orthodoxen Kirchen und den Gläubigen. Es gibt auch eine vertikale Vielschichtigkeit, von der Pfarrei in der Diaspora bis zur lokalen Kirche im Mutterland, wie auch eine horizontale, etwa im Verhältnis zu anderen Glaubensgemeinschaften, Regierungsvertretern (von den lokalen bis hin zu nationalen Strukturen Europas), Zivilgesellschaft, Nichtregierungsorganisationen, Medien. Für die Orthodoxen Kirchen und ihre Gläubigen ist Europa keine äußere Realität. Europa ist ein Teil der orthodoxen Identität. Dadurch, dass die orthodoxen Gläubigen und Länder keine Hypothek kolonialer Reiche der Vergangenheit haben, haben sie in ihrer Geschichte für ihre eigene Existenz gekämpft. Die Orthodoxen verstehen sich selbst als Teil Europas, meistens auch als ihr bester Teil. Sie sind anwesend in Europa, in dem sie in gewisser Weise „unsichtbar" bleiben.

Die Berufung der Orthodoxie

Im zeitgenössischen, europäischen öffentlichen Raum gibt es die Tendenz, dass sich die Glaubensgemeinschaften in den allgemeinen Diskurs der Menschenrechte und den Aktivismus einfügen und sich somit auch den gängigen Narrativen unterwerfen. Diese können im Dienste irgendwelcher politischer Interessen stehen. Die Kirche war aber durch ihre Geschichte die Stimme des Gewissens. Sie stand nicht nur gegen die Ungerechtigkeit auf (wie sie vom gefallenen menschlichen Geist verstanden wird), sondern auch gegen das Verletzen des Willens Gottes, weil sie schon immer auch eine prophetische Rolle hatte. Während die Menschen von den Glaubensgemeinschaften erwarten, wie Marta zu sein, erwartet Gott von ihnen, dass sie wie Maria sind, und die Orthodoxe Kirche antwortet bereitwillig auf diesen Ruf. Der Weg des Glaubens führt durch eine enge Tür hin zur Erlösung. Die ewige Erlösung der Menschen im himmlischen Königreich ist jedoch das primäre Ziel der Kirche, nicht etwas in Verbindung mit dieser Welt.

Dass das zeitgenössische Europa keine Kraft hat, sich selbst und dem Rest der Welt seine christlichen Wurzeln zu gestehen, wird in der Orthodoxen Kirchen mit großer Verzweiflung und als einschneidende Warnung gesehen. Historische Gründe führen alle orthodoxen Völker dazu, sich als Schutzwälle zu verstehen, die das christliche Europa vor fremden Angriffen geschützt haben. Das Europa, das nicht bereit ist, seine eigene christliche Vergangenheit zu akzeptieren, steht in gewisser Weise auch für den Verrat an jener Aufopferung, von der die Orthodoxen empfinden, dass sie sie für Europa geleistet haben. Alle orthodoxen Völker verstehen sich als Nachfolger der byzantinischen Traditionen, die als Höhepunkt der christlichen Kultur und der Beziehung zwischen Kirche und Staat erlebt werden. Im Vergleich zur byzantinischen Epoche wirkt jede zeitgenössische Beziehung zwischen Kirche und Staat

Historische Gründe führen alle orthodoxen Völker dazu, sich als Schutzwälle zu verstehen.

Russisch-orthodoxe Kirche in Berlin-Wilmersdorf (picture alliance /Bildagentur-online/Joko)

blass, vor allem die Beziehung eines säkularen, eigentlich nicht christlichen Landes. Aus dieser Perspektive verliert das gegenwärtige Europa seine Anziehungskraft.

Gleichzeitig sind wir Zeugen der Aufgabe des traditionellen Wertesystems, nicht nur in Europa, sondern in der gesamten westlichen Welt. Die Werte, die heute als traditionell geteilt werden, haben ihre Wurzeln tatsächlich in der christlichen Moral. Diese Moral hat die Kirche als Grundlage einer gesunden Gesellschaft und zum Heil des Einzelnen durch die Geschichte tradiert.

Was ist die Zukunft der Beziehung der Orthodoxen gegenüber Europa? Das hängt hauptsächlich von Europa selbst ab. Wenn es sich erwartungsgemäß weiterhin in die Richtung der Entchristlichung und der Aufgabe traditioneller Werte entwickelt, könnte es sich als missionarischer Raum für eventuelle Reevangelisierung erweisen. Dem Weg Europas in die weitere Säkularisation können die Orthodoxen nur zum Teil folgen. Falls sie eines Tages gezwungen werden sollten, zwischen Jesus und der zeitgenössischen Lebensweise zu wählen, können sie sich nur für ihren Glauben entscheiden. Zwischen Europa auf dem Rücken des Stiers und dem Sohn Davids auf dem Rücken des Esels gibt es für die Orthodoxen Kirchen kein Dilemma.

Laura Jäckel

Der Justizkonflikt zwischen der EU, Polen und Ungarn

Laura Jäckel, geboren 1991, ist Wissenschaftliche Mitarbeiterin und Doktorandin am Institut für osteuropäisches Recht und Rechtsvergleichung der Akademie für europäischen Menschenrechtsschutz an der Universität zu Köln. Sie hat in Freiburg, Krakau und Warschau Rechtswissenschaften, Slawistik und Philosophie studiert.

Aus ursprünglich innerstaatlichen Konflikten um die Justiz in Ungarn und Polen ist ein europäischer Grundsatzstreit über die Frage der Rechtsstaatlichkeit geworden. Darum wird seit Jahren in der EU gerungen. Eine Schlüsselrolle kommt dabei dem Europäischen Gerichtshof zu.

Streit um die Rechtsstaatlichkeit

„Die in Art. 2 EUV (Vertrag über die Europäische Union) genannten Werte […] geben der Union als Rechtsgemeinschaft schlechthin ihr Gepräge. Somit muss die Union auch in der Lage sein, diese Werte im Rahmen der ihr durch die Verträge übertragenen Aufgaben zu verteidigen." Dieser Auszug aus zwei Urteilen des Europäischen Gerichtshofs (EuGH), mit denen er im Februar 2022 die Klagen von Polen und Ungarn gegen den „Rechtsstaatskonditionalitätsmechanismus" zurückgewiesen hat, zeigt beispielhaft, wie sehr der Justizkonflikt zwischen den drei Beteiligten – Ungarn, Polen und der EU – bereits eskaliert ist. Der EuGH beschreibt die EU darin im Grunde als wehrhafte Werteunion. Konkret macht der Gerichtshof damit den Weg frei, dass im Falle von Rechtsstaatsverstößen in den Mitgliedstaaten, die die ordnungsgemäße Verwaltung von EU-Geldern beeinträchtigen oder ernsthaft zu beeinträchtigen drohen, erstmals Zahlungen aus dem EU-Haushalt gekürzt oder eingefroren werden können – und zwar möglicherweise in einer schmerzlichen

Höhe. Gegen Ungarn hat die EU-Kommission den „Konditionalitätsmechanismus“ im April 2022 zum ersten Mal aktiviert.

Was musste in Ungarn und Polen passieren, damit sich die EU veranlasst sah, auf den Abbau von Demokratie und Rechtsstaatlichkeit mit immer neuen Instrumenten und Verfahren zu reagieren, um insbesondere den Wert der Rechtsstaatlichkeit zu schützen – einen Wert, dessen Einhaltung durch die Mitgliedstaaten zuvor für selbstverständlich gehalten wurde? Wie hat die EU ihre Reaktionsfähigkeit auf die tiefgreifenden Umwälzungen in beiden Mitgliedstaaten im Laufe der Jahre angepasst? Was ist der Status quo, und wie könnte sich der Konflikt in nächster Zeit weiterentwickeln? Diesen Fragen geht der Beitrag nach und legt dabei ein besonderes Augenmerk auf die Gemeinsamkeiten und Unterschiede zwischen den Entwicklungen in Ungarn und Polen einschließlich der jeweiligen Reaktion der EU. Wie diese ausfiel, ist dabei nicht zuletzt auch durch die zeitliche Abfolge der Ereignisse bestimmt: Von den autokratischen Tendenzen in Ungarn wurde die EU noch überrascht. Dagegen hatte sie zum Zeitpunkt des aufkeimenden innerstaatlichen Konflikts in Polen fünf Jahre später bereits schmerzliche Erfahrungen gesammelt, aus denen sie lernen konnte. Gleichzeitig hatte Polen mit Ungarn aber bereits ein Vorbild.

Wie hat die EU ihre Reaktionsfähigkeit auf die tiefgreifenden Umwälzungen in Polen und Ungarn im Laufe der Jahre angepasst?

In Ungarn geht der Justizkonflikt auf das Jahr 2010 zurück. Seitdem führt Ministerpräsident Viktor Orbán, Chef der nationalkonservativen Partei *Fidesz*, die Regierung – zum zweiten Mal nach seiner frühen Regierungszeit von 1998 bis 2002. Für viele unerwartet erlangte das Parteienbündnis aus *Fidesz* und *Christlich-Demokratischer Volkspartei (KDNP)* bei den Parlamentswahlen im April 2022 zum vierten Mal in Folge eine Zweidrittelmehrheit, die Verfassungsänderungen möglich macht. Nicht zuletzt angesichts von gezielten Wahlrechtsänderungen wie etwa zugunsten starker Parteien und von Einschränkungen der Pressefreiheit können die drei zurückliegenden ungarischen Parlamentswahlen 2014, 2018 und 2022 zwar noch als frei, wohl jedoch nicht mehr als fair gelten.

In Polen nahm der Umbau der Justiz im Jahr 2015 seinen Anfang, als die nationalkonservative Partei *Recht und Gerechtigkeit* (*PiS*) sowohl die Präsidentschafts- als auch die Parlamentswahlen mit absoluter Mehrheit in beiden Kammern gewann. Die Entwicklungen in Polen sind dabei eng mit dem Namen Jarosław Kaczyński, dem Parteichef der *PiS*, verbunden. Anders als Orbán in Ungarn hatte Kaczyński lediglich zwischen Oktober

2020 und Juni 2022 formal das Amt des Vize-Ministerpräsidenten in Polen inne, de facto war und ist er aber als wichtiger Strippenzieher der politischen Vorgänge aus dem Hintergrund aktiv. Seit die *PiS* bei den Parlamentswahlen 2019 ihre absolute Mehrheit im Senat, dem polnischen Oberhaus, nicht verteidigen konnte, hat sich das Tempo der Umsetzung ihrer Gesetzesprojekte im Vergleich zu vorher verlangsamt.

Das Verfassungsgericht als erstes Ziel

In Ungarn wie in Polen stand das Verfassungsgericht als erstes im Fokus des Umwälzungswillens der jeweiligen Regierung. In beiden Ländern war diese Institution Ende der 1980er Jahre nach westlichem Vorbild liberaler Verfassungsstaaten geschaffen worden und konnte sich als unabhängiges Verfassungsorgan erfolgreich etablieren. So musste es für den *Fidesz* bzw. die *PiS* naheliegend erscheinen, diese Institution zügig auf Regierungskurs zu bringen, um das eigene illiberale Programm anschließend ungehindert umsetzen zu können. Um das Verfassungsgericht zu unterwerfen, haben sich die beiden Parteien der Strategie des „Court Packing“ bedient. Dabei handelt es sich um eine gezielte Manipulation der personellen Zusammensetzung des Gerichts. Dafür wurde das Ernennungsverfahren der Richter geändert, in Ungarn wurde zudem die Anzahl der Richterstellen erhöht. Flankiert wurde dieses Vorgehen in Ungarn dadurch, dass man die Kompetenzen des Gerichts einschränkte. In Polen veränderte man die Verfahrensordnung des Gerichtshofs.

Anders als in Polen folgte das „Court Packing“ in Ungarn formell verfassungsmäßigen Regeln; denn der *Fidesz* konnte sich mit seiner Zweidrittelmehrheit eigens dafür den formaljuristischen Rahmen mittels entsprechender Verfassungsänderungen schaffen. Ein Jahr nach der Wahl beschloss das ungarische Parlament sogar im Eiltempo eine neue Verfassung, das „Grundgesetz Ungarns“. Dieses verankerte in der Präambel die Idee einer ethnisch-kulturell definierten Nation, weichte die Gewaltenteilung zugunsten der Exekutive drastisch auf und schränkte die Kompetenzen des Verfassungsgerichts noch weiter ein. Seit 2013 war die Mehrheit der Richter am ehemals stärksten Kontrollorgan für Exekutive und Legislative im ungarischen Verfassungssystem von der Orbán-Regierung eingesetzt.

In Polen hingegen verfügte die *PiS* nicht über eine verfassungsändernde Mehrheit und beschloss daher eine Vielzahl von einfachen Gesetzen, die gegen die Verfassung verstießen. Den ersten Verfassungsbruch in diesem Zusammenhang beging jedoch bereits die Vorgängerregierung der *PiS*, die liberalkonservative *Bürgerplattform (PO)*. Sie wollte noch kurz vor den Parlamentswahlen mehr Vakanzen am Verfassungsgerichtshof füllen als ihr zustanden. Nach dem Wahlsieg der *PiS* machte diese sich daran, den Verfassungsbruch der *PO* umzudrehen und ihn zusätzlich durch die Wahl von mehr Richtern als ihr zustanden selbst zu begehen. Doch die *PiS* beließ es nicht bei diesem Verfassungsverstoß. Vielmehr stürzte sie den Verfassungsgerichtshof ins Chaos und lähmte ihn zusehends. Der Verfassungsrechtler Wojciech Sadurski beschreibt die Stadien, die der Verfassungsgerichtshof unter der *PiS* durchlaufen hat, als Fehlentwicklung „von einem aktivistischen Gericht zu einem gelähmten Tribunal hin zu einem regierungskonformen Ermöglicher" („From an Activist Court to a Paralysed Tribunal to a Governmental Enabler"). So hatte die *PiS* bereits seit dem Frühjahr 2017 eine Mehrheit am Verfassungsgerichtshof. Wie sich später zeigen sollte, konnte sie dort fortan Urteile „bestellen".

Weder in Ungarn noch in Polen war es der EU gelungen, das Kapern des Verfassungsgerichts durch die Regierungspartei zu verhindern. Für den ungarischen Fall ist dies insofern nicht verwunderlich, da die EU damals kaum darauf reagierte. Im Falle des polnischen Verfassungsgerichtshofs ersuchte die EU-Kommission die *PiS*-Regierung jedoch bereits im Dezember 2015, etwa zwei Monate nach den Parlamentswahlen, um Auskünfte zur Verfassungslage und empfahl eine Stellungnahme der Venedig-Kommission des Europarats einzuholen. Nachdem diese Bemühungen kein ernstliches Gehör fanden, wandte die EU-Kommission im Januar 2016 erstmals den „Rahmen zur Stärkung des Rechtsstaatsprinzips" an. Dabei handelt es sich um ein Dialog-Verfahren, das die EU in Reaktion auf die Entwicklungen in Ungarn als Frühwarnsystem für den Abbau von Rechtsstaatlichkeit geschaffen hatte. Es wurde für Polen im Jahr 2017 durchlaufen, blieb jedoch letztendlich wirkungslos und konnte die weiteren Pläne der entschlossenen *PiS* nicht vereiteln.

Weder in Ungarn noch in Polen war es der EU gelungen, das Kapern des Verfassungsgerichts durch die Regierungspartei zu verhindern.

Eingriffe in das Justizwesen

Als nächstes stand für den *Fidesz* bzw. die *PiS* die weitere Unterwerfung der Justiz auf dem illiberalen Programm – wie zuvor beim Verfassungsgericht insbesondere durch eine personelle Auswechslung der Richter. Eine zentrale Rolle spielte dafür in beiden Ländern deren per Gesetz eingeführte zwangsweise Frühpensionierung. Zudem wurde die richterliche Selbstverwaltung stark eingeschränkt – durch Einrichtung einer neuen Institution in Ungarn bzw. durch Politisierung der bestehenden in Polen. Darüber hinaus führte die *PiS*-Regierung ein Disziplinarregime für Richter ein, das missliebige Gerichtsentscheidungen durch Einschüchterung verhindern sollte. Dazu gehörte zunächst vor allem die neu geschaffene Disziplinarkammer am Obersten Gericht sowie seit 2020 auch das sogenannte Maulkorbgesetz, das Strafen für Richter vorsieht, die die Unabhängigkeit von neu eingesetzten Richtern in Frage stellen.

Viktor Orbán und Mateusz Morawiecki beim Treffen der Visegrád-Regierungschefs im Juni 2021 in Kattowitz (Imago / Nur Photo / Beata Zawrzel)

In diesem Stadium des Konflikts machte die EU-Kommission erstmals von ihrer Möglichkeit Gebrauch, Vertragsverletzungsverfahren gegen Ungarn bzw. Polen einzuleiten. In Polen war sie dabei erfolgreicher als in Ungarn, wie das Beispiel der Zwangspensionierung zeigt. Die EU-Kommission gewann zwar gegen beide Staaten die Vertragsverletzungsklagen. Die entlassenen Richter wurden in Ungarn aber nur entschädigt und nicht wieder eingesetzt. Trotz des juristischen Sieges konnte die EU-Kommission nicht verhindern, dass der *Fidesz* sein Ziel faktisch durchsetzen konnte – denn das Urteil kam zu spät. In Polen dagegen konnte der Austausch der Richter zumindest teilweise verhindert werden, da die EU-Kommission den EuGH um vorläufigen Rechtsschutz ersucht hatte. Dieser erließ daraufhin eine einstweilige Anordnung, sodass die Richter des Obersten Gerichts in Polen noch rechtzeitig auf ihre Posten zurückkehrten.

Gegen Polen hat die EU-Kommission mittlerweile mehrere Vertragsverletzungsverfahren eingeleitet. Besonders brisant sind die Vorgänge um die Disziplinarkammer. Da das entsprechende EuGH-Urteil zur Auflösung der Kammer nicht umgesetzt wurde, ist Polen im Oktober 2021 per einstweiliger Anordnung zur Zahlung eines täglichen Zwangsgeldes in Höhe von einer Million Euro verpflichtet worden. Das Unterhaus des polnischen Parlaments, der Sejm, beschloss zwar mit dem Ziel der Freigabe von EU-Geldern aus dem Wiederaufbaufonds kürzlich, die Disziplinarkammer aufzulösen. Die Bedenken sind damit aber noch nicht ausgeräumt, zumal die Umsetzung noch aussteht.

Das Erwachen der EU

Diese Beispiele zeigen, wie die EU aus dem unfruchtbaren Dialog mit Ungarn und Polen zu Beginn des Konflikts Konsequenzen zog und fortan auf härtere, insbesondere juristische Mittel setzte. An dieser Entwicklung waren sowohl die EU-Kommission wie auch das von Anfang an sehr engagierte EU-Parlament maßgeblich beteiligt. Die entscheidende Rolle aber spielte der EuGH. Seine Rechtsprechung hat sich als der stärkste Fels in der Brandung erwiesen, als es darum ging, die Rechtsstaatlichkeit zu schützen. Während der EuGH in der ersten Vertragsverletzungsklage gegen Ungarn 2012 noch feststellte, dass die Zwangspensionierung von Richtern aus Gründen der Altersdiskriminierung gegen EU-Recht verstößt, leitet er inzwischen Maßstäbe richterlicher Unabhängigkeit aus dem EU-Recht ab und stärkt so die Bedeutung der vertraglich niedergelegten Werte der EU.

Die Rechtsprechung des EuGH hat sich als der stärkste Fels in der Brandung erwiesen, als es darum ging, die Rechtsstaatlichkeit zu schützen.

Es verwundert nicht, dass die Rechtsprechung des EuGH nicht nur viel Lob, sondern auch viel Kritik erntet. Ein Vorwurf lautet, der EuGH überschreite seine eigenen Kompetenzen und stelle sich damit selbst außerhalb des Rechts, auf dessen Einhaltung er poche. Die politisch gescheiterte Konstitutionalisierung der EU werde so durch die Hintertür eingeführt. Es handle sich um eine „Richterherrschaft“, der die demokratische Legitimation fehle.

Neben der Frage nach der Zuständigkeit des EuGH wird dabei auch über das gemeinsame Verständnis von Rechtsstaatlichkeit gestritten. So argumentierten Polen und Ungarn in ihrer Klage gegen den „Rechtsstaatskonditionalitätsmechanismus“ etwa, dass der Begriff „Rechtsstaatlichkeit“ unbestimmt sei. Deshalb verstoße auch der Mechanismus gegen den Grundsatz der Rechtssicherheit. Der EuGH sieht dagegen den Begriff als im Kern klar durch seine Rechtsprechung definiert an. Dass sich Rechtsstaatlichkeit anerkanntermaßen aus verschiedenen Einzelelementen zusammensetzt und stark vom Kontext der übrigen Rechtsordnung abhängt, macht die Diskussion nicht leichter.

Mit seiner jüngeren Rechtsprechung bietet der EuGH jedoch eine pragmatische Lösung an: Das EU-Recht schreibe nicht in allen Einzelheiten vor, wie die Mitgliedstaaten das Prinzip der Rechtsstaatlichkeit umzusetzen haben. Aber es sei ausgeschlossen, dass die Rechtsstaatlichkeit seit dem EU-Beitritt des jeweiligen Staates geschwächt werde. Indem der EuGH seine Prüfung also darauf beschränkt, ob sich das Niveau an Rechtsstaatlichkeit verschlechtert hat, schlägt er einen „minimalinvasiven" Weg ein, der die nationalen Besonderheiten berücksichtigt und dennoch eine Kontrolle ermöglicht.

Ausblick und Ausweg

Der Justizkonflikt zwischen Ungarn, Polen und der EU geht weiter. Die juristische Antwort der EU hat bis heute mehr Wirkung gezeigt als die politischen Versuche, diese Entwicklungen einzudämmen. Insbesondere das Sanktionsverfahren nach Artikel 7 des EU-Vertrages wird kaum Erfolg haben, solange Polen und Ungarn sich gegenseitig schützen.

Drei Faktoren könnten für den weiteren Verlauf des Justizkonflikts maßgeblich sein: Zunächst hängt nicht wenig davon ab, ob und inwieweit die aktivistische Rechtsprechung des EuGH einerseits in Polen und Ungarn umgesetzt wird, andererseits aber auch unter den Mitgliedstaaten Akzeptanz findet. Sollte die Anerkennung bröckeln, steht die Autorität des Gerichtshofs auf dem Spiel. Eine Stütze könnte der EuGH jedoch in der zu erwartenden Rechtsprechung des Europäischen Gerichtshofs für Menschenrechte finden, der bereits einige wegweisende Urteile zum Justizkonflikt gefällt hat. Die von der *PiS* in Reaktion auf jüngste Urteile beider europäischer Gerichte beim regierungstreuen polnischen Verfassungsgerichtshof bestellten Urteile deuten jedoch darauf hin, dass Polen die europäische Rechtsprechung nicht akzeptieren und umsetzen wird.

Weiterhin kommt es darauf an, wie sich das Verfahren gegen Ungarn im Rahmen des „Rechtsstaatskonditionalitätsmechanismus" entwickelt. Sollte es Orbán gelingen, die Sanktionen als ungarnfeindliche Politik der EU zu „framen", könnte sich dieses Instrument für Brüssel rächen.

Schließlich wird eine Rolle spielen, welche Auswirkungen der russische Angriffskrieg in der Ukraine auf die Dynamik zwischen Polen, Ungarn und der EU haben wird. Auf der einen Seite könnte die traditionell russlandfreundliche Position Ungarns für Risse in der Allianz mit Polen sorgen. Auf der anderen Seite muss sich noch zeigen, ob Polen als das wichtigste Aufnahmeland für ukrainische Geflüchtete erreichen kann, dass die EU bei der Rechtsstaatlichkeit nachgiebiger wird und derzeit noch zurückgehaltenes Geld freigibt.

Klaus Bachmann

Die Grube, die sich Polens Regierung selbst gegraben hat

Klaus Bachmann, geboren 1963, war als Osteuropa- und Benelux-Korrespondent tätig, lebt in Warschau und ist dort Professor für Sozialwissenschaften an der privaten SWPS Universität. Er beschäftigt sich mit Internationaler Strafjustiz, Kolonialismus in Afrika und Europäischer Integration.

Wer sich mit der EU-Politik Polens beschäftigt, stößt schnell auf ein großes Paradox: Seit 2015 gehen die von der PiS geführten Regierungen auf Kollisionskurs mit der EU. Dabei ist die Unterstützung für Polens EU-Mitgliedschaft in der Bevölkerung größer ist als in den meisten anderen EU-Mitgliedstaaten.

Erstaunliche Widersprüche

Wer versucht, etwas Ordnung und Struktur in das Europabild der seit sieben Jahren in Polen regierenden Partei „Recht und Gerechtigkeit“ (PiS) und ihrer kleineren Anhängsel zu bringen, stößt schnell auf große Widersprüche. Polen trat 2004 aus freien Stücken und bestätigt durch ein Referendum der EU bei. Die beiden Brüder Lech und Jarosław Kaczyński hatten den Beitritt damals ausverhandelt und unterzeichnet. Lech war als Staatspräsident polnischer Vertreter in der Regierungskonferenz, die den Lissabonner Vertrag verantwortet hat, Jarosław war der Premierminister, mit dem er sich darüber beraten hat und der anschließend die Mehrheit zur Ratifizierung des Vertrags im Parlament organisieren musste. Seither ist kein neuer EU-Vertrag in Kraft getreten. Und doch verkündet PiS-Parteichef Jarosław Kaczyński seit Jahren, dass die EU heute nicht mehr die gleiche sei, mit der die Kaczyński-Brüder einst verhandelt hätten. Die „neue EU“, die angeblich nun entstanden sei, mische sich zu sehr in die inneren Angelegenheiten Polens ein, versuche Polen zu erpressen, verstehe Polen nicht und bedrohe seine Souveränität.

Für Polens Rechte von wertkonservativen Demokraten bis zu rechtspopulistischen Autokraten war die EU immer schon ein Vehikel Deutschlands, das verschleiern sollte, dass eigentlich Deutschland in Europa das Sagen habe. Durch diese Sichtweise kommt es, dass immer, wenn die EU-Kommission oder der Europäische Gerichtshof wegen Vertragsverletzungen gegen Polen vorgehen, PiS-Politiker das Thema Kriegsreparationen wieder aufwärmen. Sie sind davon überzeugt, dass – wie ein polnisches Sprichwort etwas frei übersetzt sagt – „in Brüssel die Scheren tanzen“, wenn man gegenüber Berlin auf den Tisch schlägt.

Aus der Sicht von Mateusz Morawiecki gab und gibt es keine Gemeinschaftsmethode und keine autonome Gesetzgebung in den EU-Institutionen.

Für die Regierungen der früheren Ministerpräsidentin Beata Szydło und ihres Nachfolgers Mateusz Morawiecki gab und gibt es keine Gemeinschaftsmethode und keine autonome Gesetzgebung in den EU-Institutionen. Alles ist eine Art Konzert der Großmächte (zu denen man sich selbst zählt), die jeden rechtlichen Rahmen, jedes EUGH-Urteil mit Hilfe eines politischen Kompromisses beiseite fegen können.

Das bisher deutlichste Beispiel war die Wahl des damaligen polnischen Oppositionspolitikers Donald Tusk, den der Europäische Rat gegen Polens Willen 2017 mit qualifizierter Mehrheit zum zweiten Mal zu seinem Präsidenten wählte. Das geschah, weil es so in den Verträgen steht: Der Rat wählt sich einen Präsidenten. Die Regierung Szydło war dagegen der Ansicht, es stehe ihr das Recht zu, auch einen anderen Kandidaten für diesen Posten vorschlagen zu können, weil Tusk Pole war. Die anderen Staats-und Regierungschefs hätten dann ihren Kandidaten wählen sollen. Ganz so, als hieße der entsprechende Artikel: „Der Rat wählt einen polnischen Präsidenten auf Vorschlag der polnischen Regierung.“ Das ließ sich auch durch eine Blockadedrohung nicht erreichen. Der eilig vorgeschlagene Kandidat der Warschauer Regierung wurde gar nicht erst in den Saal gelassen und Tusk mit 27 zu einer Stimme wiedergewählt. Anhänger der polnischen Regierung verkündeten danach, noch nie sei EU-Recht mehr gebeugt und Polen schlimmer erniedrigt worden als durch diese Abstimmung.

Solche Abstimmungen und Entscheidungen gab es seither immer wieder. Der Rat verabschiedet einen Plan zur Verteilung von Flüchtlingen, den Polen (und Tschechien, die Slowakei und Ungarn) nicht umsetzt. Die EU-Kommission verklagt diese Mitgliedländer vor dem Europäischen Strafgerichtshof (EuGH), alle vier verlieren die Klage. Die EU verabschiedet einen Rechtsakt, mit dem bei Verstößen gegen die Rechtsstaatlichkeit Gelder eingefroren werden können, wenn diese Verstöße für das EU-Budget relevant sind. Polen und Ungarn klagen dagegen und verlieren. Polen säubert den Obersten Gerichtshof, die EU-Kommission klagt dagegen, Polen verliert. Polen verabschiedet ein Gesetz, mit dem Richter bestraft werden können, die für die Regierung unbequeme Urteile fällen, die EU-Kommission klagt dagegen und gewinnt.

Dennoch kritisiert Jarosław Kaczyński die EU immer wieder als ein von den Deutschen aufgebautes „Viertes Reich“, das Polen unterdrückt, erpresst und seiner Souveränität beraubt. Premierminister Morawiecki behauptet sogar, wenn der EUGH unangenehme Urteile fällt, dass die EU auf diesem Weg „einen Dritten Weltkrieg auslösen will.“ Als Russland am 24. Februar 2022 die Ukraine überfiel, wurde deutlich, wie ein Dritter Weltkrieg wirklich aussehen könnte. Seither sind alle, auch die bisher anti-ukrainische PiS-Fraktion, nun pro-ukrainisch. Die Regierung in Warschau gehörte in den vergangenen Monaten zu den wichtigsten Unterstützern einer sofortigen Aufnahme der Ukraine in die EU. In die gleiche EU, die Polen angeblich unterdrückt, erpresst und ihrer Souveränität beraubt.

Polens Ministerpräsident Mateusz Morawiecki und PiS-Chef Jarosław Kaczyński reisten im Juni 2022 gemeinsam nach Kiew (picture alliance / Photoshot / Hennadii Minchenko)

Regierungspolitiker, aber auch der eine oder andere Oppositionsabgeordnete haben nun begonnen zu argumentieren, der Ukraine-Krieg sei von so überragender Bedeutung, dass die EU gefällig aufhören solle, Polen wegen rechtsstaatlicher Lappalien zu sanktionieren. Als Land, das die Hauptlast der Flüchtlinge aus der Ukraine trage und dem Nachbarland mehr und schneller Militärhilfe leiste, habe Polen ein moralisches Recht auf Gelder aus der EU, die wegen des Streits um die Justiz bisher zurückgehalten werden. Tatsächlich hat Polen in absoluten Zahlen mit rund drei Millionen Flüchtlingen mehr Ukrainer aufgenommen als jedes andere Land der Welt. Außerdem hat die Regierung in Warschau schon zu einem frühen Zeitpunkt Panzer geliefert, als das Thema in Deutschland noch kontrovers diskutiert wurde.

Pragmatisch auf Kollisionskurs

Keine der von PiS geführten Regierungen hatte bisher ein außenpolitisches oder europapolitisches Programm, das über Schlagworte hinausgekommen wäre. Stattdessen herrscht Pragmatismus bis zur Selbstverleugnung. Das Motto lautet: Gut ist, was dem Machterhalt nützt, schlecht ist, was den Machterhalt erschwert. Gut ist, wenn die EU Geld gibt, um die leeren Staatskassen zu füllen und den ständig fallenden Złoty-Kurs zu stützen, schlecht ist, wenn sie die Gängelung von Richtern und Staatsanwälten kritisiert und der EUGH kostspielige Urteile fällt.

Polen ist selbst im europäischen Vergleich ein sehr integrationsfreundliches Land, das von einer der EU-feindlichsten Regierungen in Europa regiert wird.

So kommt es, dass Regierungsvertreter gleichzeitig für die EU und dagegen sind, dass sie bei Pressekonferenzen mal die EU-Flagge hinaustragen und dann wieder aufstellen lassen. Oder dass sie sich selbst dafür loben, wie viele Gelder sie in Brüssel locker gemacht haben und zugleich behaupten, das seien Gelder, die Polen sowieso zustehen würden. In diesem Propagandanebel, demzufolge die EU mal die Rettung vor den Pandemiefolgen und die Hoffnung für die Ukraine, aber gleichzeitig auch ein „Viertes Reich“ ist, spielt sich hinter den Kulissen ein Kampf um Einfluss zwischen den unterschiedlichsten Interessengruppen ab. Zu ihnen zählen Kohlegruben und Energiekonzerne (fast alle staatlich), die sich gegen die EU-Klimapolitik wehren, über Telekom-Unternehmen, die ihre Monopolstellung behalten wollen. Das sind vor allem Kämpfe eines staatlichen Sektors gegen den anderen. Weil die PiS die großen Staatsbetriebe alle mit Parteisoldaten besetzt hat, ist es ein Kampf, der sehr intransparent in den Korridoren des Ministerratsgebäudes und innerhalb der Partei ausgefochten wird.

So stärkt die Regierung ständig Interessengruppen, die diese dann – oft mit Hilfe staatlicher Zuwendungen – durch Lobbyarbeit auf einen Anti-EU-Kurs zwingen. Das funktioniert wie ein Perpetuum Mobile: Ständig werden mit dem Geld der Steuerzahler Betriebe und Sektoren subventioniert, die dann einen neuen Reformstau aufbauen. Er sorgt dafür, dass sie sich mit aller Kraft gegen die Anwendung europäischer Vorgaben stemmen müssen, um die immer größer werdenden Kosten einer Anpassung zu vermeiden.

Und jetzt kommt das große Paradox: Die Steuerzahler, deren Geld die Regierung am Parlament vorbei verteilt, um weiteren Reformstau zu finanzieren, der zu Konflikten mit der EU führt, sind alle sehr pro-europäisch. Denn Polen ist selbst im europäischen Vergleich ein sehr integrationsfreundliches Land, das von einer der EU-feindlichsten Regierungen in Europa regiert wird. Selbst unter den PiS-Anhängern gibt es eine Mehrheit, die eine EU-Mitgliedschaft Polens unterstützt. Wie kann man diesen Widerspruch erklären?

Das polnische Paradox

Wie ist es möglich, dass es der PiS immer wieder gelingt, ihre Wählerschaft so zu mobilisieren, dass sie mehrere Wahlen hintereinander gewinnen kann, sie aber gleichzeitig in fast allen Fragen, die sie selbst für wichtig hält, gegen den Zeitgeist verliert?

Zunächst einmal sollte man sich vor Augen halten, dass die PiS zwar einen (nicht sehr großen) Vorsprung vor der Opposition im Parlament hatte, aber nie eine Mehrheit bei den Wählern. Und jeder in Polen hat Überzeugungen, ein Wertesystem und eine Einstellung zu den Themen, für die die PiS so spektakulär kämpft; auch Menschen, die nie wählen gehen oder die – wie die Jugend – noch kein Wahlrecht haben. Wahlabwesenheit und der Rückzug der Bürger aus der politischen Willensbildung haben in Polen eine lange Tradition.

In den letzten Jahren des kommunistischen Polens war das Fernbleiben von der Wahl eine Art Strafe für die Machthaber. Diese Tradition besteht auch heute noch.

In den letzten Jahren des kommunistischen Polens war das Fernbleiben von der Wahl eine Art Strafe für die Machthaber, die eine hohe Wahlbeteiligung anstrebten. Diese Tradition besteht auch heute noch, insbesondere bei Wählern, die mit der Situation im Land unzufrieden sind und keine klare Vorliebe für eine Partei haben. Gut ausgebildete, junge Bürger in den größeren Städten ziehen sich oft aus der öffentlichen Debatte zurück und nehmen an Wahlen nicht teil. Das geschieht nicht nur aus Frustration und Unzufriedenheit über die Art und Weise, wie Polen regiert wird, sondern oft auch aus Indifferenz oder weil diese Leute zu viel in der Welt unterwegs sind. Manche sind auch ausgewandert.

Das Wahlsystem erkannte bereits 2015 einer Partei, die nur rund 20 Prozent der Wahlberechtigten vertrat, mehr als die Hälfte der Parlamentssitze zu.

Die Politik der polnischen Regierungen seit 2015 ist das Gegenteil dessen, was die Konservativen in Großbritannien taten. Diese verabschiedeten sich mit einem großen Knall aus der EU. Betrachtet man die Politik der polnischen Regierung aus einer rationalen Perspektive, so kann es nicht in ihrem Interesse sein, genauso aus der EU auszutreten, wie Boris Johnson es tat. Großbritannien war Netto-Beitragszahler. Polen ist der größte Netto-Empfänger aus dem EU-Haushalt. Eine rationale Strategie müsste also darauf ausgerichtet sein, die Kontrollmechanismen und Begrenzungen loszuwerden, die die EU den Mitgliedsländern auferlegt, gleichzeitig aber die Vorteile zu erhalten – den Zugang zum Binnenmarkt,

Im polnischen Parlament hat die regierende PiS nur eine knappe Mehrheit. (picture alliance / Daniel Kalker)

Zugang zu den Transferleistungen und offene Grenzen. Genau das taten die Regierungen Szydło und Morawiecki bisher auch.

Das ist auch die Erklärung dafür, wie es möglich ist, dass sich eine pro-europäische Bevölkerung von einer anti-europäischen Regierung regieren lässt. Zum einen ist das ein (nicht nur in Polen möglicher) Fehler des Wahlsystems. Es erkannte bereits 2015 einer Partei, die nur rund 20 Prozent der Wahlberechtigten vertrat, mehr als die Hälfte der Parlamentssitze zu. Die PiS erreichte 37 Prozent der gültigen Stimmen bei einer Wahlbeteiligung von 50 Prozent, aber das genügte für eine absolute Mehrheit in Sejm und Senat. Vier Jahre später verlor die PiS knapp die Senatsmehrheit. Entscheidend war beim Regieren aber gar nicht die knappe Mehrheit im Sejm (der den Senat überstimmen kann), sondern die Tatsache, dass die PiS das Verfassungstribunal durch das Kooptieren von parteilichen Richtern in eine Art dritte Parlamentskammer verwandelt hat, in der sich inzwischen fast nur noch PiS-treue Juristen tummeln. Dadurch muss die Regierung Gesetze nicht ändern, wenn sie unbequeme Bestimmungen loswerden will und sie muss internationale Abkommen nicht kündigen (was auch eine Parlamentsmehrheit braucht), wenn sie ihr lästig fallen. Es genügt, sie durch eine von der Vorsitzenden des Verfassungsgerichts entsprechend zusammengestellte Kammer für verfassungswidrig erklären zu lassen. Auf diese Weise verbietet die Regierung den Gerichten und der Verwaltung dann zum Beispiel, unbequeme Urteile des Straßburger Menschenrechtsgerichtshofs und des Europäischen Gerichtshofs umzusetzen.

Durch die Verabschiedung des EU-Mechanismus über Rechtsstaatlichkeit, mit dem Polen Mittel vorenthalten kann, wenn ihre rechtmäßige Verwendung nicht von einer unabhängigen Justiz kontrolliert werden kann, und der Koppelung des Pandemie-Wiederaufbaufonds an rechtsstaatliche Kriterien fällt die polnische Regierung nun in die Grube, die sie sich selbst gegraben hat. Die Erfüllung dieser Vorgaben blockiert eine kleine rechtsradikale Partei, ohne die PiS keine Parlamentsmehrheit mehr hat, während PiS andererseits angesichts einer Rekordinflation, leerer Staatskassen und steigender Zinsen für Staatsanleihen dringend Geld braucht. 2023 stehen Parlaments- und Kommunalwahlen an und vor der Tür. Es tobt ein Krieg, der die Kosten für die Verteidigung und die Integration der ukrainischen Flüchtlinge in die Höhe treibt. Inzwischen ist die Regierung so gelähmt, dass sie nicht einmal mehr die Strafen in Millionenhöhe bezahlt, die ihr der EuGH aufgebrummt hat. Die zieht die EU-Kommission jetzt von den laufenden Transfers nach Polen ab.

Isaac Kaledzi

Eine afrikanische Perspektive auf den Ukraine-Krieg und Europa

Der ghanaische Journalist Isaac Kaledzi, geboren 1985, ist Gründer und Vorstand der panafrikanischen Medienorganisation „Africa Feeds Media Limited". Er arbeitet von der Hauptstadt Accra aus als freier Afrika-Korrespondent für die Deutsche Welle, als Medientrainer für die Fortbildungsstätte Deutsche Welle Akademie sowie für andere internationale Medien.

Auch in Ghana beschäftigte die Lage in Europa und der Krieg in der Ukraine die Öffentlichkeit. Einige Studentinnen und Studenten mussten aus ihrem Gastland fliehen und warten nun auf das Kriegende, um ihr Studium abschließen zu können. Die Erwartungen an Europa sind unverändert groß.

Die 23-jährige Princilla Adjar verließ Ghana, als sie noch ein Teenager war und ging nach Czernowitz in der Westukraine. Dort hat sie viereinhalb Jahre lang Medizin studiert, bis Russland das Land überfiel.

Ihr Traum – und der von Hunderten weiteren ghanaischen Studenten – in der Ukraine wurde zerstört, als sie plötzlich gezwungen war, aus ihrem Gastland zu fliehen. „Ich erinnere mich, dass ich zitterte, als wir erfuhren, dass wir nach Hause gehen sollten", sagt Adjar. Sie gehörte zu der ersten Studentengruppe, die im März 2022 aus der Ukraine in die ghanaische Hauptstadt Accra zurückkehrte.

Adjar sitzt zwar inzwischen erleichtert zuhause, aber erzählt, wie verheerend es für sie war, ihr Studium in Europa abbrechen zu müssen. Sie ließ alles zurück, was sie sich in ihrem Gastland in den vergangenen Jahren aufgebaut hatte. "Es war sehr entmutigend und schwer für uns", sagt die junge Frau rückblickend. Schließlich weiß sie auch nicht, ob und wo sie ihr Medizinstudium abschließen kann.

In Afrika gibt es tausende Studenten und Studentinnen wie Adjar, deren Traum von einer sicheren, guten Ausbildung in der Ukraine jetzt zum Alptraum wurde. Das hat viele Familien auf dem afrikanischen Kontinent in Angst und Schrecken versetzt. Normalerweise interessieren sich die Ghanaer nicht so sehr für die Ereignisse in Europa, doch durch den Ukraine-Krieg hat sich das verändert.

Der Traum wird zum Alptraum

Als die Diskussionen über den Krieg und die mögliche Gefahr für afrikanische Studentinnen und Studenten die Medien beherrschten, drängten viele Eltern darauf, dass ihre Kinder aus der Ukraine evakuiert werden sollten. Auch Princillas Vater Samuel war in großer Sorge um seine Tochter. Seit ihrer Rückkehr ist er erleichtert. „Die Angst erinnert an die Geschehnisse von 2014, als mein Sohn auch in der Ukraine war. Auch damals gab schon eine Invasion durch Russland“, sagt Samuel. Er hatte sich vorher nie Gedanken darüber gemacht, was in Europa geschah. Aber der weit entfernte Krieg wurde zum emotionalen Trauma, das die ganze Familie belastet hat.

Trotzdem glaubt der Vater immer noch, dass seine Tochter in Europa die beste Ausbildung erhalten könne. Er betet dafür, dass die Vereinten

Ankunft eines Kriegsflüchtlings aus der südlichen Ukraine auf dem Bahnhof Zahony an der ungarischen Grenze. (picture alliance / Photoshot)

Nationen, die EU und die Staatengemeinschaft auf den russischen Präsidenten Wladimir Putin einwirken, um den Krieg bald zu beenden. Er hofft darauf, dass die ukrainische Universität seiner Tochter wieder eröffnet wird und die Studenten dorthin zurückkehren können, um ihre Kurse abzuschließen. Dann könnten sie eines Tages nach abgeschlossenem Studium nach Afrika zurückkehren und ihrem Land dienen, meint er.

Jahrzehntelang hat Europa dem Rest der Welt ein integratives, demokratisches Gesellschaftssystem geboten, dessen Grundsätze andere Nationen, auch in Afrika, angezogen haben und weiterhin anziehen. „Europa bleibt eine starke Kraft", sagt der Sozialaktivist und Dozent an der Accra City University in Ghana Makafui Awuku – trotz des Krieges in der Ukraine. Aus seiner Sicht hat sich der europäische Einfluss weltweit „nicht sehr verändert". Immer mehr junge Menschen vor allem aus Entwicklungsländern träumten unverändert von Europa als einem Ort, an dem sie ihre Träume von einem erfolgreichen Leben verwirklichen können.

„Der Krieg in der Ukraine hat Europa sogar stärker gemacht, als wir es kennen", sagt auch ghanaische politische Analyst Adib Saani. Er spricht von einem sichtbaren Umdenken in den meisten europäischen Ländern. Darin zeige sich eine neue Bereitschaft, Grenzen zu überwinden und sich gegenseitig zu helfen. Weil jedes Land fürchte, ein ähnliches Schicksal wie die Ukraine zu erleiden, würden vorbeugende Maßnahmen ergriffen, sagt er.

Die Europäischen Union hat schon immer einen Schwerpunkt auf die wirtschaftliche Integration gelegt. Einige afrikanische Analysten beobachten jetzt eine stärkere Hinwendung zur sicherheitspolitischen Integration innerhalb der EU. Saani zufolge ist der Wunsch von immer mehr europäischen Ländern, sich zu militarisieren, ein Hinweis darauf, wie schnell sich der Kontinent verändert.

„In der Vergangenheit waren viele europäische Länder, insbesondere die nordischen Länder, an einer militärischen Integration nicht sehr interessiert", sagt Saani und verweist auf die langjährige Neutralität Schwedens und Finnlands, die jetzt sogar eine NATO-Mitgliedschaft anstreben.

Afrikas besserer Ansatz zur Staatenbildung

In den Augen vieler Afrikaner führt Russland einen Kampf mit dem Ziel, die Auflösung der Sowjetunion rückgängig zu machen. Kenias UN-Botschafter Martin Kimani sagte im Februar 2022 in einer vielbeachteten

Auch in der ghanaischen Hauptstadt Accra war der Ukraine-Krieg ein Thema öffentlicher Debatten. (picture alliance / photothek / Thomas Imo)

Rede vor dem UN-Sicherheitsrat, dass fast jedes afrikanische Land durch das Ende eines Imperiums entstanden sei.

„Hätten wir uns dafür entschieden, Staaten auf der Grundlage ethnischer, rassischer oder religiöser Homogenität anzustreben, würden wir heute, viele Jahrzehnte später, immer noch blutige Kriege führen." Kimani fuhr fort: „Wir haben uns entschieden, statt Nationen zu bilden, die mit einer gefährlichen Nostalgie in die Geschichte zurückblicken, nach vorne zu blicken auf eine Größe, die keine unserer vielen Nationen und Völker je gekannt hat".

Der kenianische Botschafter machte deutlich, dass Europa und Russland von den Erfahrungen Afrikas lernen könnten, um den Ukraine-Krieg zu beenden, indem sie sich zusammenschließen, anstatt zu versuchen, Gebiete zurückzuerobern.

In der Vergangenheit hat Europa immer behauptet, seine außenpolitische Strategie unterscheide sich deutlich von der der USA. Aber Sicherheitsexperten wie Saani sagen, dass der Ukraine-Krieg die außenpolitische Ausrichtung Europas offengelegt hat. „Wir beginnen zu erkennen, dass die europäische Außenpolitik sehr stark mit der US-amerikanischen übereinstimmt", so Saani. Es sei nun offensichtlich, wie abhängig Europa von den USA sei.

Annäherung an eine Flüchtlingskrise

Die Art und Weise, wie Europa in der Vergangenheit mit afrikanischen Migranten umgegangen sei, kritisiert Saani scharf. Mit den Flüchtlingen aus der Ukraine werde jetzt anders verfahren. Für sie wurden innerhalb der EU Sonderregelungen geschaffen, um den Druck auf die nationalen Asylsysteme zu verringern und den Vertriebenen EU-weit einheitliche Rechte zu gewähren. So erhalten ukrainische Flüchtlinge bei ihrer Ankunft in der EU ein Aufenthaltsrecht, einen legalen Zugang zum Arbeitsmarkt, zu Wohnraum, medizinischer Versorgung und können ihre Kinder einschulen.

Dagegen berichteten viele Afrikaner über ihre Frustration angesichts des angeblichen Rassismus während ihrer Flucht aus dem Ukraine-Krieg – ein Thema, das in den ghanaischen Medien viel behandelt wurde. Princilla Adjar erzählte beispielsweise, wie schwierig es war, aus der Ukraine sicher herauszukommen. „Wir stiegen aus dem Bus aus und mussten mehr als anderthalb Stunden zu Fuß gehen, bis wir die Grenze erreichten, an der Chaos herrschte", beschreibt sie die Lage. „Da waren so viele Menschen: Ukrainer, Ghanaer, Nigerianer, Simbabwer, Äthiopier, Ägypter, Inder, und alle versuchten, einen Weg aus dem Land zu finden." Das habe zu rassistischen Vorfällen gegenüber Afrikanern geführt.

„Wir haben auch ein großes Interesse der EU-Bürger an den Geschehnissen in der Ukraine erlebt, wir haben gesehen, wie Flüchtlinge aus der Ukraine in Ungarn willkommen geheißen wurden, einem Land, das Flüchtlinge immer abgelehnt hat", sagt Saani dazu. Für ihn wird genau darin der derzeitige Wandel in der Denkweise und Herangehensweise der europäischen Nationen deutlich.

Steigende Lebenshaltungskosten

Die Kraftstoffpreise sind durch den Krieg in der Ukraine erheblich gestiegen und steigen weiter an. Auch dadurch wird das Thema unter Afrikanern viel diskutiert. Nana Ama, eine Mutter von zwei Kindern in Accra, sagt: „Die Regierung behauptet, der Krieg in der Ukraine wirke sich auf die Kraftstoffpreise aus. Ich möchte, dass dieser Krieg endlich endet. Es ist schwierig, bei diesen hohen Lebenshaltungskosten zu überleben."

Es gibt in Ghana viele Menschen wie Nana Ama, die jetzt ganz anders beschäftigt, was in Europa geschieht, weil es sich unmittelbar auf ihr alltägliches Leben auswirkt. „Der Krieg und das, was in Europa passiert, ist mir wirklich egal, da es weit weg von Ghana ist", sagt die Mutter.

„Aber wenn es auch bei uns die Preise für Waren in die Höhe treibt, dann ist das traurig“, findet sie.

Europa ist schon lange stark abhängig von russischem Gas. Der Krieg in der Ukraine hat die europäischen Länder dazu gebracht, über Auswege nachzudenken. Europa will seine Abhängigkeit von den Importen fossiler Brennstoffe aus Russland beenden. Für einige afrikanische Experten ist es eine gute Nachricht, dass nun auch Gasproduzenten aus anderen Kontinenten einschließlich Afrika in Betracht gezogen werden.

Der Chefökonom der Policy Initiative for Economic Development in Africa Daniel Amateye Anim-Prempeh fordert, Europa müsse eine weitere Eskalation der Wirtschaftskrise verhindern.

Er möchte, dass Europa seine Zusammenarbeit mit Kontinenten wie Afrika überdenkt und „diese Dynamik“ respektiert. Er sagt: „Der einzige Weg für sie ist Afrika. Afrika ist ein sehr großer Markt für sie. Sie müssen sich mit dieser besonderen Beziehung auseinandersetzen“.

Der Analyst Awuku, der auch ein Aktivist für ökologische Nachhaltigkeit ist, glaubt, Europa müsse seinen Fokus auf Investitionen in nachhaltige Energiequellen richten und nicht nur nach alternativen Gaslieferungen suchen. „Sie müssen auch darüber nachdenken, ob sie jetzt mehr Geld in nachhaltige Energiequellen wie Wind-, Wasser- und Solarenergie investieren können, um ihre Abhängigkeit von Russland und den traditionellen Energiequellen, die einen großen Kohlenstoff-Fußabdruck verursachen, zu verringern.“

Für Leute wie ihn wird Afrika ein wichtiger Partner auf diesem Weg für Europa bleiben.

Der Einfluss Europas ist nach wie vor groß

Europa ist nicht nur eine mächtige politische Union, die global agiert, sondern auch ein Geldgeber, insbesondere für Entwicklungsländer.

Tausende von Menschen aus diesen Staaten betrachten Europa als den Ort, an dem sie eine große Chance auf eine erfolgreiche Zukunft haben. Das zeigt sich auch an der Zahl der jungen Menschen, die ihr Leben riskieren, um über das Mittelmeer dorthin zu gelangen.

Aber Europa ist nicht mehr nur der einzige Partner neben den USA. Auch China, Russland, die Türkei und Indien gehören zu den größeren Volkswirtschaften, die in Afrika nach Chancen suchen.

„Der Einfluss Europas auf Afrika hat abgenommen, da China und einige andere Partner beginnen, in Afrika Fuß zu fassen, aber ich meine, dass Europa immer noch ein wichtiger Partner für die meisten afrikanischen Länder ist", sagt Awuku.

Europa ist nicht mehr der einzige Partner neben den USA. Auch China, Russland, die Türkei und Indien suchen in Afrika nach Chancen.

Seit ihrer Gründung im Jahr 2002 hat die Afrikanische Union keinen wichtigeren Partner als die Europäische Union (EU) gefunden.

Der Zugang zu Handel und Entwicklung war weitgehend der Trumpf, der die Grundlage für die Beziehungen zwischen afrikanischen und europäischen Ländern bildete.

Der Wirtschaftswissenschaftler Anim-Prempeh sagt, dass es für Europa an der Zeit sei, in Afrika zu investieren und faire Verträge mit dem Kontinent zu schließen. Awuku stimmt dem zu und erwartet, dass Europa nach Afrika zurückkehrt, um einige seiner Partnerschaften in verschiedenen Sektoren zu vertiefen. „Vieles wird sich ändern, die Dinge werden sich schneller ändern, es wird mehr Investitionen in grüne und nachhaltige Energie geben, weil der Krieg einen Einfluss darauf hat", sagt Awuku.

Europa muss auf Afrika blicken

Saani erwartet, dass Europa Afrika in naher Zukunft ernster nehmen wird. „Sie werden ihr Engagement für die Entwicklung des Kontinents ebenso überdenken wie die unendlichen Möglichkeiten, die sich dort bieten." Die Lektion sei, dass alle darauf hinarbeiten müssten, die Lebensbedingungen auf der ganzen Welt zu verbessern, fordert Anim-Prempeh. „Europa sollte in der Lage sein, all diese Dynamiken in einem breiteren Spektrum zu betrachten."

Vielleicht sei der Krieg zum richtigen Zeitpunkt für den Kontinent gekommen. „Aus meiner Sicht ist Europa auf diese Weise eher gestärkt worden", meint er.

Princilla Adjar denkt immer noch an die Ukraine und ihren Traum vom Studium in Europa. „Wir machen uns Sorgen, dass wir nicht so bald wieder weiterstudieren können.", sagt sie. „Russland hat es jetzt auf wichtige Infrastrukturen abgesehen, und ich weiß nicht, ob unsere Universitätsgebäude verschont bleiben werden. Es ist also ziemlich beunruhigend."

Sie weiß, dass der Krieg noch lange nicht vorbei ist und es sicherlich keine Gewinner geben wird. Dennoch hofft sie auf ein baldiges Ende, denn Europa ist immer noch ein wichtiger Ort für junge Menschen wie Princilla, die sich nach einer besseren Zukunft sehnen.

Gerald Knaus

Worauf warten wir?
Flucht, tödliche Grenzen und ein Versprechen

Der österreichische Sozialwissenschaftler Gerald Knaus, geboren 1970, ist Autor und Vorsitzender der Denkfabrik «Europäische Stabilitätsinitiative» (ESI) in Berlin.

An den europäischen Außengrenzen sterben auf der Flucht jährlich Tausende von Menschen, die in Europa nach Sicherheit suchen. Die Bundesregierung hat sich zum Ziel gesetzt, das zu ändern. Tatsächlich gibt es Möglichkeiten, in Zusammenarbeit mit Transitländern diese Zustände zu verbessern. Sie müssten nur umgesetzt werden.

Tödliche Grenzen

Die Internationale Organisation für Migration (IOM) berichtete, dass 2001 mehr als 2.000 Migranten im Mittelmeer auf dem Weg in die EU ums Leben kamen. Die meisten, mehr als 1.550, im zentralen Mittelmeer zwischen Tunesien, Libyen und Italien. Weltweit starben laut IOM etwa 5.900 Menschen. Auch 2021 war die EU-Außengrenze somit die tödlichste Grenze der Welt.

Uns erreichen erschütternde Nachrichten über das Schicksal von Flüchtlingen.

Kann es eine menschliche, umsetzbare und mehrheitsfähige europäische Grenz- und Asylpolitik geben, die dieses Drama beendet? Oder wird sich in den nächsten Jahren an dieser Endlosschleife des Grauens nichts ändern? Werden wir weiterhin jede Woche Nachrichten wie die folgenden lesen:

Tod in den Wäldern

„Wir wissen, dass immer noch Menschen die Grenze überqueren, sich in den Wäldern verstecken und Unterstützung brauchen“, sagte die Notfallkoordinatorin von „Ärzte ohne Grenzen“ […]. Der Organisation sei es jedoch nicht gelungen, eine Genehmigung für den Zugang zum Grenzgebiet Polens, Litauens oder Lettlands zu erhalten, obwohl sie sich wiederholt an die jeweiligen Behörden gewandt habe [...]. „Obwohl Menschen von Grenzsoldaten angegriffen und geschlagen werden, lassen die Behörden weiterhin zu, dass Flüchtende zwischen den Ländern hin- und hergeschoben werden“, kritisierte die Organisation.

Aus Angst vor solchen „Pushbacks“ versuchten Frauen, Männer und Kinder, sich unentdeckt durch die Wälder zu schlagen – in vielen Fällen ohne Lebensmittel, Wasser oder warme Kleidung. Mindestens 21 Menschen starben nach Angaben der Organisation dabei im vergangenen Jahr.“[1]

Illegale Pushbacks am Grenzfluss

„Human Rights Watch befragte 26 afghanische Migrant*innen und Asylsuchende, von denen 23 zwischen September 2021 und Februar 2022 von Griechenland über den Evros-Fluss in die Türkei zurückgedrängt wurden. Die 23 Männer, zwei Frauen und ein Junge gaben an, dass sie von Männern, die sie für griechische Beamte hielten, festgehalten wurden, in der Regel nicht länger als 24 Stunden, mit wenig oder gar keinem Essen oder Trinkwasser, und in die Türkei abgeschoben wurden. Die Männer und der Junge berichteten aus erster Hand, dass sie von griechischen Polizisten oder Männern, die sie für solche hielten, geschlagen oder anderweitig misshandelt wurden.“[2]

Seenotrettung im Mittelmeer

„Die Besatzung der „Sea-Watch 3“ hat im Mittelmeer 85 weitere Geflüchtete aus Seenot gerettet. Nach Angaben der deutschen Organisation sind damit inzwischen 307 Gerettete an Bord des Schiffes. Mit der jüngsten Rettungsaktion sei ein „illegaler Pullback“ verhindert worden [...]. Im Mittelmeer gibt es keine staatlich organisierte Seenotrettungsmission. Lediglich die Schiffe privater Organisationen halten Ausschau nach in Not geratenen Flüchtlingen und Migranten. Immer wieder dauert es viele

1 Zeit online, Januar 2022: https://www.zeit.de/politik/deutschland/2022-01/polen-belarus-gefluechtete-aerzte-ohne-grenzen-humanitaere-hilfe

2 Human Rights Watch, 10. April 2022: https://www.hrw.org/de/news/2022/04/10/griechenland-benutzt-migranten-fuer-pushbacks-von-asylbewerberinnen

Ein Holzboot mit etwa 30 Menschen versucht bei hohem Wellengang die gefährliche Überfahrt über das Mittelmeer nach Italien. Oft geraten diese überfüllten Boote in Seenot. (picture alliance / Daniel Kubirski)

Tage, bis die italienischen Behörden den Rettungsschiffen einen Hafen zuweisen."[3]

Tote und Verletzte am Grenzzaun

„Dutzende Menschen liegen am Boden. Erschöpft, manche mit deutlichen Verletzungen, andere vermutlich sogar tot, vor einem Posten der Grenze, die Marokko von der spanischen Exklave Melilla trennt. Sie werden umstellt von marokkanischen Gendarmen. Die Erschöpften gehören zu den mehr als 1.000 Migranten, meist Schwarzafrikaner, die Freitagfrüh versuchten, den Grenzzaun zu stürmen. Die Aufnahmen wurden von der Ortsgruppe Nador der Marokkanischen Menschenrechtsvereinigung (AMDH) verbreitet. „Auf diese unmenschliche, gewalttätige Art wurden die Migranten am Grenzübergang Nador behandelt. Ihrem

3 Deutsche Welle, 5. Juni 2022: https://www.dw.com/de/deutsche-seenotretter-holen-weitere-migranten-an-bord/a-62038469

Schicksal überlassen, ohne Hilfe, stundenlang, was die Zahl der Toten steigen ließ", heißt es in der Erklärung der AMDH zum Video. Während Spaniens und Marokkos Behörden von 18 Toten sprechen, zählt AMDH mindestens 37 tote Migranten."[4]

An der dramatischen Lage an den EU-Außengrenzen besteht kein Zweifel. Was aber ist zu tun, um das Versprechen der Flüchtlingskonvention wieder zu achten, wonach niemand, der Schutz sucht, ohne Prüfung in eine mögliche Gefahr zurückgestoßen werden darf? Wie könnte die deutsche Politik konkret dazu beitragen und auch Regierungen in Polen, Griechenland, Italien und Spanien von einer anderen Politik überzeugen?

Ehrgeizige Ziele in Berlin

Der Koalitionsvertrag der Ampelkoalition vom November 2021 verspricht beim Thema Flucht, Grenzen und Asyl einen „Paradigmenwechsel." Er formuliert konkrete Ziele:

- Irreguläre Migration weiter zu reduzieren
  „Wir werden irreguläre Migration reduzieren und reguläre Migration ermöglichen."

- Menschenrechte zu achten
  „Wir stehen zu unserer humanitären Verantwortung und den Verpflichtungen, die sich aus dem Grundgesetz, der Genfer Flüchtlingskonvention (GFK), der Europäischen Menschenrechtskonvention (EMRK) und dem Europarecht ergeben, um Geflüchtete zu schützen und Fluchtursachen zu bekämpfen."

- Seenotrettung auszubauen
  „Es ist eine zivilisatorische und rechtliche Verpflichtung, Menschen nicht ertrinken zu lassen. Die zivile Seenotrettung darf nicht behindert werden. Wir streben eine staatlich koordinierte und europäisch getragene Seenotrettung im Mittelmeer an."

- Illegale Zurückweisungen zu beenden
  „Wir wollen irreguläre Migration wirksam reduzieren und Ursachen für die lebensgefährliche Flucht bekämpfen. Wir wollen die illegalen Zurückweisungen und das Leid an den Außengrenzen beenden."

4 TAZ, 26 Juni 2022: https://taz.de/Abschottung-der-EU-Aussengrenze/!5860882/

- Dies durch Kooperation mit Drittstaaten zu erreichen, in denen auch Asylverfahren stattfinden könnten
  „Wir wollen verhindern, dass Menschen für geopolitische oder finanzielle Interessen instrumentalisiert werden. Deshalb setzen wir uns für rechtsstaatliche Migrationsabkommen mit Drittstaaten im Rahmen des Europa- und Völkerrechts ein. Wir werden hierfür prüfen, ob die Feststellung des Schutzstatus in Ausnahmefällen unter Achtung der GFK und EMRK in Drittstaaten möglich ist."
- Bei der Seenotrettung mit sicheren Anrainerstaaten im Mittelmeer zu kooperieren
  „Wir streben eine faire Verantwortungsteilung zwischen den Anrainerstaaten des Mittelmeers bei der Seenotrettung an und wollen sicherstellen, dass Menschen nach der Rettung an sichere Orte gebracht werden."
- Drittstaaten Angebote für Migrationskooperation zu machen
  „Wir wollen neue praxistaugliche und partnerschaftliche Vereinbarungen mit wesentlichen Herkunftsländern unter Beachtung menschenrechtlicher Standards schließen. Diese Vereinbarungen sollen ein Gesamtkonzept umfassen wie z. B. den Ausbau von wirtschaftlicher Zusammenarbeit, Technologie-Transfer, Visa-Erleichterungen, Qualifizierungsmaßnahmen für den deutschen Arbeitsmarkt, Jobbörsen und die Zusammenarbeit bei der Rückkehr abgelehnter Asylsuchender."
- Legale und sichere Wege zu öffnen, durch zusätzliche humanitäre Aufnahmeprogramme und legale Migration.

Es ist ein ehrgeiziges Programm. Irreguläre Migration, Leid und Sterben sollen durch Migrationsabkommen reduziert werden. Dies verlangt schnellere Rückführungen, die im Einklang mit internationalen Konventionen stehen, nach Seenotrettung (auch) in andere Mittelmeerländer, aber auch in Drittstaaten, in denen Asylverfahren stattfinden könnten. Um dies voranzubringen, versprach die Bundesregierung im November 2021, einen Sonderbevollmächtigten einzusetzen.

Der Koalitionsvertrag sieht ein ehrgeiziges Programm für Migration vor; allerdings ist noch nicht viel umgesetzt.

Jedoch gibt es bis heute weder einen Sonderbevollmächtigten noch neue Migrationsabkommen. Die Zahl der Toten im Mittelmeer steigt. In der ersten Jahreshälfte 2022 waren es allein im zentralen Mittelmeer über 700 Menschen, die starben. An der dramatischen Lage an den Außengrenzen und an der Praxis systematischer Pushbacks – von Polen bis Griechenland – hat sich nichts geändert.

Um das Ziel humaner Kontrolle zu erreichen, gilt es, den Koalitionsvertrag jetzt auch umzusetzen. Dabei müsste sich die Bundesregierung für schnelle, faire Asylverfahren, strategische Abschiebungen und Kooperationsangebote an Partnerländer sowie die Aufnahme von Flüchtlingen auf legalen Wegen einsetzen.

Um das Sterben im Mittelmeer zu beenden, sollte sich die EU an dem Verkehrsexperten Claes Tingvall orientieren. Der Schwede warb viele Jahre für eine „Vision Zero", null Unfalltote im Straßenverkehr, die das schwedische Parlament 1997 entwickelte und die in der ganzen Welt zu Reformen und weniger Verkehrstoten führte. Dafür waren viele Maßnahmen notwendig, deren Wirkung ernsthaft getestet wurde.

Kunstaktion der Menschenrechtsaktivistin Insa Pohlenga zum internationalen Tag der Seenotrettung (picture alliance / dpa / Jörg Carstensen)

Eine „Vision Zero" für das Mittelmeer ist weder ohne noch allein mit mehr Seenotrettung zu erreichen. Vielmehr muss man Menschen in Seenot viel schneller retten und gleichzeitig darauf hinarbeiten, dass weniger Menschen in seeuntüchtige, überfüllte Schlauchboote steigen. Dass die Politik an der Zahl der Toten im Mittelmeer nichts ändern kann, stimmt offensichtlich nicht. Im Januar und Februar 2016 ertranken 331 Menschen im östlichen Mittelmeer. Im Jahr 2017 waren es dann 62. Der Grund für diesen Rückgang war die EU-Türkei-Erklärung vom März 2016.

Doch wie kann man die Todeszahlen im zentralen Mittelmeer verringern, ohne die derzeitige Zusammenarbeit mit libyschen Milizen und Rückführungen in unmenschliche Lager in Libyen fortzusetzen? Zum einen sollten Seenotrettungsstellen in Rom und Malta wieder die Seenotrettung im gesamten zentralen Mittelmeer koordinieren, um Schiffbrüchige rechtzeitig aufzuspüren, wie vor 2018. Eine Koalition von Staaten könnte sich gleichzeitig bereit erklären, alle binnen zwölf Wochen aufzunehmen, die von privaten Rettungsbooten und Handelsschiffen gerettet und in Aufnahmezentren in Italien, auf Malta oder in Tunesien gebracht werden. So war es 1980 bei der Rettung durch das deutsche Schiff Cap Anamur im Südchinesischen Meer, wo Gerettete aus Singapur ausgeflogen wurden.

Führt systematisches Retten aber nicht automatisch auch dazu, dass sich wieder mehr Menschen auf den Weg über das Meer machen, wie in den Ausnahmejahren 2013 – 2017 im zentralen Mittelmeer? Nicht, wenn es gelingt, diejenigen, die keinen Schutz in der EU brauchen, binnen weniger Wochen in ihre Herkunftsländer oder in sichere Drittstaaten abzuschieben. Dazu sollte die EU Tunesien und Marokko sofort Visaerleichterungen versprechen sowie danach einen Prozess, der zu Visafreiheit führt. Die Länder sollten im Gegenzug zu sicheren Drittstaaten werden, die bei der Rücknahme kooperieren und wo dann faire Asylverfahren stattfinden könnten.

Pilotprojekt in Ceuta und Melilla

Auf diese Art wäre auch sofort eine alternative Strategie für Ceuta und Melilla denkbar, ohne Gewalt und Leid.[5] Stellen wir uns vor, es gäbe in beiden Städten eine Möglichkeit, regulär einen Asylantrag zu stellen. Nehmen wir weiter an, dass diese innerhalb weniger Wochen entschieden würden und es gäbe eine Einigung zwischen Spanien und Marokko. Sie könnte so aussehen, dass all jene, die in Ceuta und Melilla nach einem Asylverfahren keinen Schutz bekommen, sofort zurückgenommen werden, sollten sie nicht mithilfe der Internationalen Organisation für Migration freiwillig in ihre Heimatländer zurückkehren. Ankommende Migranten würden nicht mehr automatisch auf das spanische Festland gebracht, sondern in Ceuta und Melilla untergebracht und innerhalb von zwölf Wochen abgeschoben, sollten sie keinen Schutz in der EU benötigen.

Es gibt gangbare Alternativen zu den jetzigen Praktiken.

Unter diesen Umständen könnte Spanien den lebensgefährlichen Stacheldraht entfernen. Weniger Menschen würden versuchen, über Zäune zu klettern. Illegale Pushbacks fänden ein Ende. Gleichzeitig könnten Spanien und eine Gruppe von EU-Staaten mit dem UN-Flüchtlingswerk (UHCR) vereinbaren, jedes Jahr einige Tausend anerkannte Flüchtlinge aus Westafrika durch Neuansiedlungen aufzunehmen. Diese könn-

5 Auch nach der Unabhängigkeit Marokkos 1956 hält Spanien dort weiterhin zwei Exklaven: Melilla und das 250 Kilometer weiter westlich gelegene Ceuta an der Meerenge von Gibraltar. Beide werden auch von Marokko beansprucht. In der Nähe der beiden Gebiete warten oft Zehntausende Menschen vorwiegend aus Ländern südlich der Sahara auf eine Chance, in die EU zu gelangen.

ten in der Region beim UNHCR vorsprechen, so wie dies seit Jahrzehnten in vielen Ländern der Welt geschieht.

Was wäre notwendig, um schnelle Verfahren in Ceuta und Melilla durchzuführen? Deutschland, Spanien und andere könnten sich für ein Pilotprojekt zusammentun und Asylbeamte und Dolmetscher bereitstellen, auch als Modell für zukünftige Asylkooperationen in Südspanien, auf Lampedusa, Korsika oder Malta. Anstatt in Brüssel hohe Standards für europäische Asylverfahren zu beschließen, die in vielen EU-Ländern nicht umgesetzt werden, könnten einige Staaten beweisen, dass das Recht auf faire Verfahren ernst genommen wird.

Marokko als wichtiges Transitland

Marokko ist das wichtigste Herkunftsland für irreguläre Migration nach Spanien. Es ist auch ein bedeutendes Transitland. Würde Marokko seine ausreisepflichtigen Staatsbürger schnell zurücknehmen, ein glaubwürdiges Asylsystem aufbauen und bei der Rücknahme von irregulären Migranten aus Drittstaaten kooperieren, wären das Sterben im westlichen Mittelmeer und die Dramen an den Zäunen von Ceuta und Melilla bald Geschichte.

Um das zu erreichen, sollte die EU Marokko das gleiche Angebot machen, das sie 2008 der Ukraine machte: Im Gegenzug für die schnelle Rücknahme ausreisepflichtiger Bürger und irregulärer Migranten, die ab einem Stichtag das Meer oder den Zaun bei Ceuta und Melilla überqueren und nicht schutzbedürftig sind, sollte eine Gruppe von Mitgliedstaaten Stipendien, Visaerleichterungen und Visaliberalisierung in Aussicht stellen.

Reisefreiheit nach Europa war für viele Ukrainer jahrzehntelang ein Traum. Am Vorabend des 11. Juni 2017 feierten dann Tausende von ihnen in Kiew die bevorstehende Reisefreiheit. Um dies zu erreichen, hatte die Ukraine nach 2008 viele Reformen durchgeführt. Eine Vorbedingung war der Abschluss eines Rückübernahmeabkommens mit der EU. Im gleichen Jahr eröffnete die Europäische Kommission einen Dialog über eine Visaliberalisierung und überreichte einen Aktionsplan, der 60 präzise formulierte Bedingungen auflistete. Daraufhin modernisierte die Ukraine ihren Grenzschutz, setzte das Rückführungsabkommen mit der EU um, verbesserte ihr Asylsystem, führte biometrische Pässe ein, intensivierte den Kampf gegen Korruption und verbot gesetzlich jede Form der Diskriminierung. Die EU-Kommission entsandte Expertenmissionen in das Land und gab sechs detaillierte Fortschrittsberichte heraus. Es funktionierte: Die Ukraine erfüllte die Bedingungen. Die Visapflicht entfiel. 2017 lag das Bruttoinlandsprodukt der Ukraine pro Kopf etwa bei 2.300 Euro, in Marokko bei 2.700 Euro. Die Ukraine hat mit 42 Millionen mehr Einwohner als Marokko mit 35 Millionen. Was in der Ukraine gelang, könnte auch in Marokko gelingen.

Die EU sollte Marokko dabei unterstützen, sein nationales Asylsystem auszubauen. Das wäre auch ein Signal an andere Länder in Afrika. Derzeit kümmert sich der UNHCR um Flüchtlinge in Marokko und führt Verfahren zur Feststellung des Flüchtlingsstatus durch. Im Februar 2019 lebten in Marokko 6.199 vom UNHCR anerkannte Flüchtlinge, davon 60 Prozent Syrer. Es gab 1.913 Asylsuchende.

Marokkaner konnten bis in die Mitte der 1980er-Jahre ohne Visum nach Frankreich und bis in die frühen 1990er-Jahre nach Spanien reisen. Eine erfolgreiche Mobilitätspartnerschaft dieser Art würde Europas Sicherheit verstärken. Es würde zur Kooperation bei Abschiebungen von ausreisepflichtigen Marokkanern führen. Überdies würde davon das Signal ausgehen, dass das Versprechen legaler Mobilität in die EU durch Kooperation auch für afrikanische Länder eine Option sein kann. Parallel zu Marokko sollte die EU Tunesien ein ähnliches Angebot machen.

Was auf dem Spiel steht

Im Sommer 1951 wurde die Genfer Flüchtlingskonvention beschlossen. Diese konfrontierte die Welt mit einer radikal neuen Idee: Staaten sollten *alle Menschen* schützen, die eine „begründete[n] Furcht vor Verfolgung wegen ihrer Rasse, Religion, Nationalität, Zugehörigkeit zu einer bestimmten sozialen Gruppe oder wegen ihrer politischen Überzeugung“ haben. Keine Person, die diese Kriterien erfüllt, darf demnach in eine Situation zurückgewiesen werden – *refoulé* im Französischen –, in der sie verfolgt wird und ihr Leben bedroht wäre.

Es war nie leicht, dieses globale System aufrechtzuerhalten. Das Gebot des Non-Refoulement wurde auch in der Vergangenheit wiederholt missachtet. Heute ist das System angesichts routinemäßiger Zurückweisungen auch in Europa, Australien und den USA gefährdet.

Es war noch nie wichtiger, dass Deutschland sich mit realistischen Vorschlägen, wie sie im Koalitionsvertrag schon vorgesehen sind, aktiv einbringt. Der Bedarf ist groß, und die Ideen sind da. Jetzt sollten sie umgesetzt werden.

Weiterführende Lektüre

Bücher:

Achim Engelberg: An den Rändern Europas. Warum sich das Schicksal unseres Kontinents an seinen Außengrenzen entscheidet, München, DVA 2021.

Orlando Figes: Die Europäer. Drei kosmopolitische Leben und die Entstehung europäischer Kultur, München, Carl Hanser Verlag 2020.

Ulrike Guérot: Plattform Warum Europa eine Republik werden muss. Eine politische Utopie, Bonn, Dietz Verlag 2016.

Johannes Hillje: Plattform Europa, Bonn, Dietz Verlag 2019.

Navid Kermani: Entlang den Graben. Eine Reise durch das östliche Europa bis nach Isfahan, München, Beck Verlag 2018.

Gerald Knaus: Welche Grenzen brauchen wir? Zwischen Empathie und Angst – Flucht, Migration und die Zukunft von Asyl, München, Piper-Verlag 2020.

Ivan Krastev: Europadämmerung. Ein Essay, Berlin, Edition Suhrkamp 2020.

Claus Leggewie und Ireneusz Pawel Karolewski: Die Visegrád-Connection. Eine Herausforderung für Europa, Berlin, Verlag Klaus Wagenbach 2021.

Geert Mak: Große Erwartungen. Auf den Spuren eines europäischen Traums (1999-2019), München, Siedler Verlag 2020.

Timothy Snyder: Bloodlands. Europa zwischen Hitler und Stalin, München, C.H. Beck-Verlag 2010.

Winfried Veit: Europas Kern. Eine Strategie für die EU von morgen, Bonn, Dietz Verlag 2020.

Jürgen Wertheim: Europa – eine Geschichte seiner Kultur, München, Penguin Verlag, 2020.

Publikationen:

Was hält Europa noch zusammen?, OWEP 1/2016. https://www.owep.de/ausgabe/2016-1

Manfred Sapper/Volker Weichsel (Hg): „Osteuropa“ Russlands Krieg gegen die Ukraine. Propaganda, Verbrechen, Widerstand, Heft 1-3, 2022.